KB264326

도자기 용어 사전

陶磁器 用語 辭典

토암(土菴) 배 윤 호(裵潤鎬)

도서 출판 정음서원

머리말

차이나(China)가 도자기의 대명사가 되듯 중국이 도자기의 종주국이라 할 수 있으며, 근대 도자기 역사에서 일본의 영향력이 커서 아직 서양에서도 카올린이나 엔고배 등의 흔적이 남아 있다. 일본 고서에 조꾸바꾸라는 용어가 나오는데, 일본사람들도 이 말을 몰라 우리나라에 와서 물어도 아는 사람이 없었다. 우리나라 말인 '쪽박'이 일본말로 변질된 말이다. 임진왜란 때 납치되어간 이삼평이 일본에서 백자생산을 성공하자 우리나라 제조 기술 용어를 일본에서 쓰게 된 것이다. 나도 한동안은 일본 말인 줄 알았는데 '가마'도 우리말이다. 기술 선진국의 말을 따라 배우는 것이 세상의 상례이니, 가령 내가 대학 다닐 때 교수들은 비타민을 바이타민이라 말하였다. 2차대전 전까지 과학의 선진국 독일의 용어가 이후 영미어에 밀려난 것이다. 영양제 주사 링게르도 멀지 않아 링거로 바뀌어질 것이다.

광복 전에는 일본사람에게 기술을 배웠기 때문에 도자기 기술 용어가 모두 일본 말이었다. 해방이 되자 우리말화한다는 것이 규석(硅石)을 개석, 천칭(天秤)을 천평이라고 잘못 번역한 말을 오랫동안 사용하였다. 1963년 경주공업고등학교 요업과 교사로 부임한지 몇 년 후에 교과서가 나오면서 개석은 규석으로 바뀌었는데, 졸업생 추수 지도차 현장 방문을 하였을 때 졸업생들 이야기 중에 개석이라는 용어를 쓰기에 그 이유를 물으니, 눈 2개 있는 사람이 눈 1개 있는 사람들 노는데 가면 병신이 되듯, 모두가 개석이라 하니 버틸 수가 없었다는 것이었다.

광복 후 모든 일본식 용어를 우리말화 하자는 바람이 불어 이화여자대학을 배꽃 계집 큰 배움터라 고치자는 발상으로, 축구에서 코너킥을 구석차기로 바꾸듯이 죠크러셔(jaw cruser)를 턱바시개라고 교과서에 실려 있었는데, 몇 년 지나 다시 죠크러셔로 바뀌었으니 지금 젊은이들에게 턱바시개 하면 누가 알까?

내가 입사하였을 때 에지러너를 후렛도(plate). 퍽밀(pug mill)을 빠꾸미루, 볼밀을 미루(mill)라고 하였다. 이로 보아 일본에서는 기계화의 선진국인 미국의 용어를 그대로 받아들인 것으로 짐작할 수 있다. 우리나라에서는 중국말에서 일본말로 바뀐 것을 우리말화 하였다가 다시 영어로 바뀌니, 이렇게 생겼다가 없어지기를 반복하는 과도기를 거치면서 4개 나라말의 잡탕 용어가 되어 지금에 이르렀다. 기준이 되는 용어사전이 없으니 원서를 보는 젊은이들은 소지(素地)가 영어로 body이니 이것을 다시 체(體)로 바꾸어 신용어를 만들기도 하였다. 이렇게 제각기 만들어 낸 용어들도 무수히 많을 것이다.

동양은 한자 문화권이니 일본이나 중국 등은 말은 안 통해도 한자를 쓰면 의사소통이 된다고 한다. 우리 말 중에는 두 자로 이루어진 한자 복합어가 많아 우리말의 반 이상이라고 하니, 우선은 동양의 공통어인 한자식 용어를 선호하고 싶다.

도자기교본을 발간하고는 글 쓰는 것을 끝낼까 생각하였는데 오래전 인문계 졸업생에게 도자기 교과서를 빌려주었더니 돌려주면서 하는 말이 용어를 몰라 이해하기 어려웠다고 하였다. 현실이 이러하니 더욱 사명감을 느껴 학계에서 사용하는 용어를 바탕으로 도자기 용어 사전을 정리해 보기로 결심하게 되었다.

사전 쓰기를 시작하면서 책들을 찾아 보니 도자기 용어 사전이라고는 일본의 작은 책인 칼라 북 1권 뿐이었다. 내용을 보니, 골동품 수집가들이 찾아볼 가마 이름이나 공방과 제품 이름이 주된 내용이기에 이것을 도자기 용어 사전이라 할 수 있겠느냐 하는 회의도 들었다. 여러가지 생각을 하다가 도자기의 감정은 감정사에게, 그리고 신요업 분야는 연구소나 대학 박사들에게 미루고, 나는 전통 도자기 제조 기술을 중심으로 한 사전을 쓰기로 하였다.

원고를 쓰면서 일본 용어는 빼려 하였으나 아직도 많이 쓰여지고 있으니 나의 세대(世代)에 쓰였던 도자기 용어의 역사라는 의미로 생각하고 넣기로 하였다.

끝으로 조언과 검토 등 도움을 준, 대한도기와 계림요업을 거쳐 지금은 예림나노세라믹을 경영하는 김용우 사장(경주공고 요업과 15회)에게 고마움을 표한다.

서기 2023년 9월 1일

토암(土菴) 배윤호(裵潤鎬)

제1편 도자기 도록 - 세계의 도자기

■ 개요

- 흑유(黑釉) 천목(天目) ·· 10
- 삼채(三彩) ··· 11
- 청자(靑磁) ··· 12
- 염부(染付) 청화백자(靑華白磁) ······························· 13
- 백자(白磁) ··· 14
- 색회(色繪) ··· 15
- 진사(辰砂) ··· 16
- 금란수(金欄手) ··· 17

■ 우리나라 도자기

- 신라 토기 ··· 18
- 고려 청자 ··· 19
- 조선 자기
    - 분청사기 ·· 20
    - 백자 ··· 21

■ 중국 도자기

- 대만 국립고궁박물원 ·· 22
- 경덕진 요 ··· 24
- 요주 요 ··· 25
- 자주 요 ··· 26

■ 일본 도자기

- 쓰애끼(須慧器) ··· 27
- 이도자완(井戶茶碗) ··· 27
- 세도 원투(瀨戶 猿投) ······································· 28
- 월전 주주(越前 珠州) ······································· 29
- 비전 단파(備前 丹波) ······································· 30

    • 신락 이하(信樂 伊賀)·······························31
    • 아리다(有田) ··································32
    • 사스마(隆摩)···································34

■ **동남아시아 도자기** ·····························36

■ **유럽 도자기**
    • 독일 마이센 ··································37
    • 프랑스································39
    • 영국··································40
    • 이탈리아 – 18세기 마조리카 ····················41
    • 덴마크 – 로얄 코펜하겐····················41
    • 네델란드 ································42
    • 그밖의 나라 ······························42

제 2 편 도자기 용어 사전

■ **용어편**···43

  [용어 찾아보기]··································182

[참고]

모든 용어 항목을 가나다순으로 하고자 하였으나, 때에 따라 관련 항목들을 한곳에 모아두는 것이 설명이 중복되지 않고 보는 사람도 이해하기 쉬울 듯하여 순서를 바꾸지 않을 수가 없었기에 별도로 가나다순의 〈찾아보기표〉를 만들어 두었다.

도자기 도록

陶磁器 圖錄

흑유(黑釉) 천목(天目)

흑색으로 발색한 철유(鐵釉)의 기물을 흑유라 하며,
일본에서는 댄모꾸(天目, 천목)라고 한다.

黑釉塔式罐(흑유탑식관) (唐, 당)

白天目茶(백천목다)

天目坮(천목대)에 얹은 天目茶碗(천목다완)

白天目茶(백천목다)

三彩(삼채)

풍만한 얼굴은 당나라 미인의 전형으로 황제나 황후 그리고 황태자가
가지고 싶어 하는 여관(女官)의 상이다. 록. 갈. 황색이 흘러내리면서
흙과 유약에 의한 조각의 아름다움이 돋보인다.

唐　綠釉　水注

遼　綠釉　鳳首瓶

唐　三彩　貼花文壺

唐　三彩　駱駝

宋　三彩　刻花文瓶

奈良　三彩　薬壺

ペルシャ　三彩　刻花文鉢

京焼　鉢 (木米作)

彩女人倚像 (높이 45cm) (出光美術館藏)

平佐　壺

長与焼　皿

楽焼　平鉢 (長次郎作)

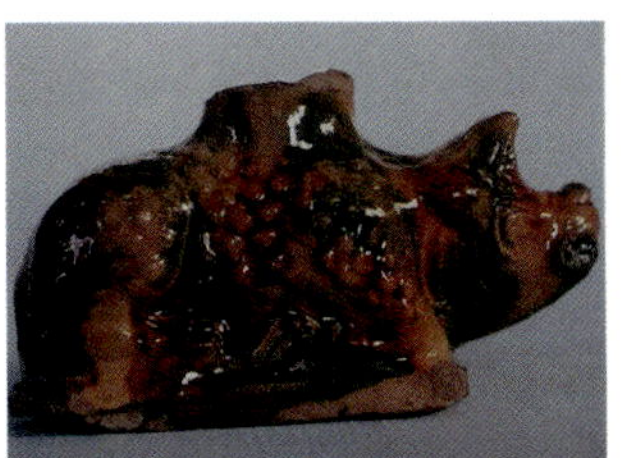

靑磁 (청 자)

환원소성으로 2철(Fe_2O_3)을 1철(FeO)로 환원시켜 비취색으로 발색 시킨 도자기이다.

전남 신안 해저 유물 (용천요)

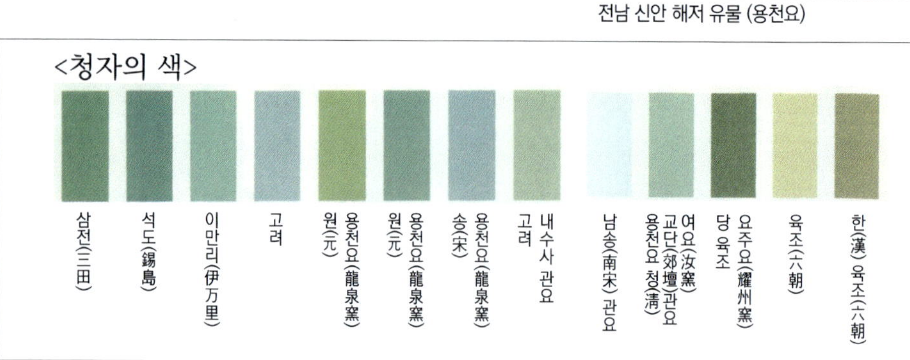

染付 靑華白磁 (염부 청화백자)

오수 회청 또는 회회청이라 하는 코발트염인
천색의 안료로 그림을 그린 도자기이다.

明・前期　龍文天球瓶

葡萄紋大盤（明）

柿右衛門　花鳥文面取瓶

青華白磁魚貝水鳥文瓶

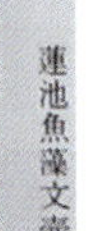

元　蓮池魚藻文壺

明・後期（嘉靖）　龍文八角壺

京燒　山水花鳥文釣瓶水指

明末淸初　祥瑞　蜜柑水指

淸　木蓮図瓶

鍋島　兎文皿

白磁 (백자)

철분이 아주적은 원료로 만든 소지의 색이 희고 흡수성이 없는 그릇을 백자라 한다.

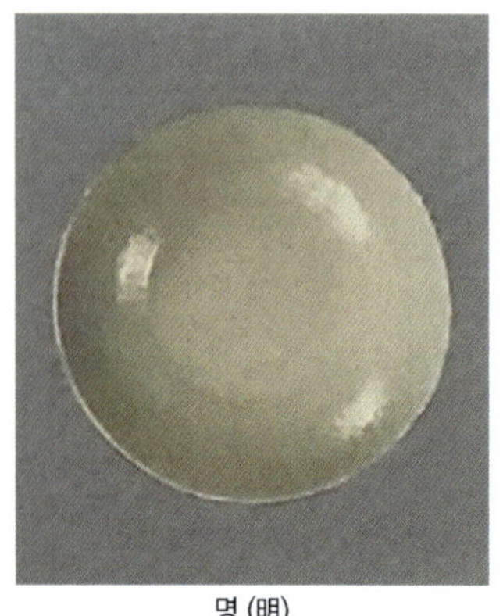

수 (隋)

당 (唐)

당 (唐)

백자항아리 (조선 18세기 높이 40.7cm 서울 중앙박물관소장)

명 (明)

원 (元)

남송 (南宋)

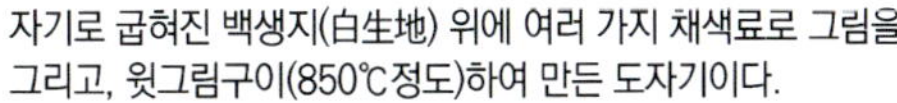

色繪(색 회)

자기로 굽혀진 백생지(白生地) 위에 여러 가지 채색료로 그림을
그리고, 윗그림구이(850℃정도)하여 만든 도자기이다.

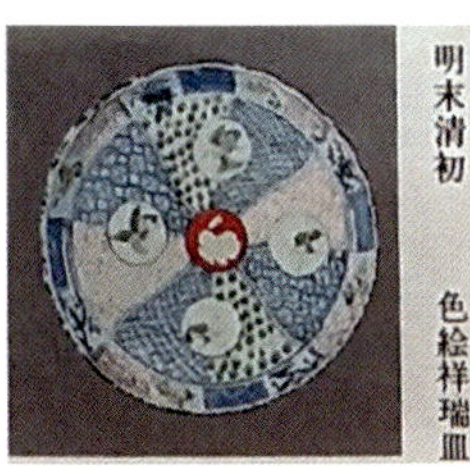

明末淸初　色繪祥瑞皿

古九谷　石川県美術館　皿

安南　赤絵合子

明末　呉須赤絵鉢　五島美術館

淸初　南京赤絵角皿

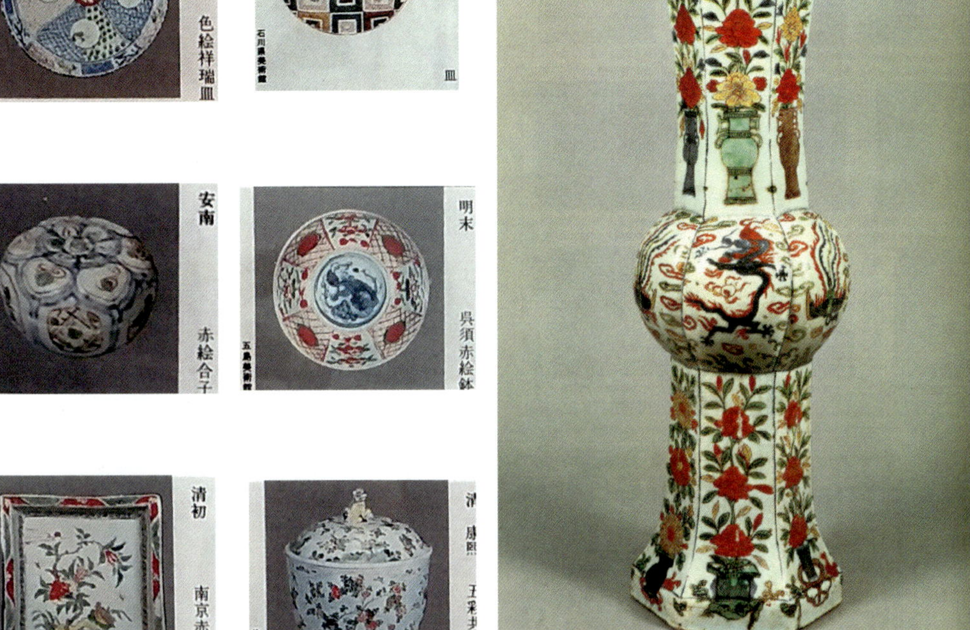

明萬曆年製銘五彩龍鳳唐草文尊 (높이 60cm)

金襴手瓢形六角瓶

淸 雍正　粉彩瓶

沈香壺

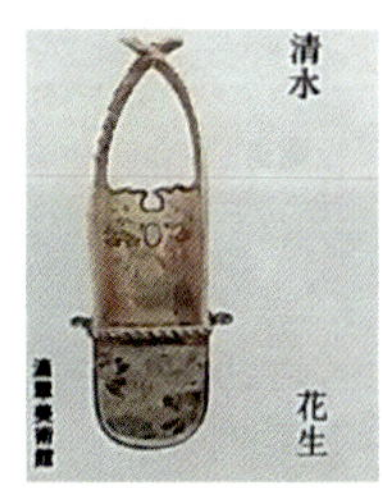

淸水　花生　逸翁美術館

明　古赤絵　人物文皿　五島美術館

瀬戸　茶碗

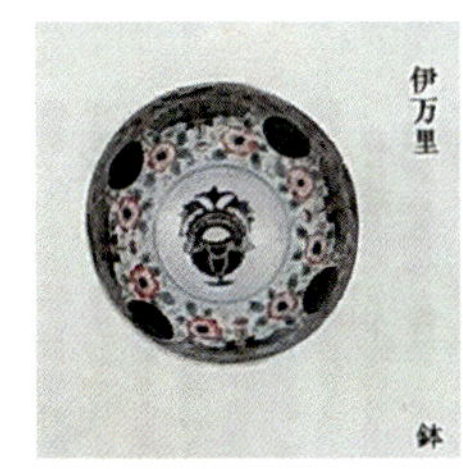

伊万里　鉢

宋　赤絵　牡丹文碗

辰 砂 (진 사)

산화구리를 사용하여 강한 환원 불꽃으로 소성하여 단체인 구리의 색으로 색유 또는 필화로 그림을 그려 장식한 도자기

로얄도르톤의 진사유 병과 접시

清朝 때의 진사 象

유리홍철화화훼문개호

모란문 병 (明明 초)

백자 진사 호

金欄手 (금란수)

금으로 장식한 도자기. 금장식이라고도 한다

금란수 발(鉢)

현대의 금장식 발(鉢) – 이태리

금란수 발(鉢)

현대의 마이센 주자(壺子)

신라 토기(新羅土器)

철분 함량이 많은 저질점토로 만든 성형품을 강한 환원 불꽃으로 소성하여 검은색을 낸 경질토기.

器臺(기대)

騎馬像(기마상)

瓔珞附高杯(영락부 고배)

臺附馬紋長頸壺(대부마문장경호)

大壺(대호)

土偶附高杯(토우부 고배)

鴨形土器(압형 토기)

고려 청자(高麗靑磁)

청자백퇴화석류형주전자

청자어룡형주전자

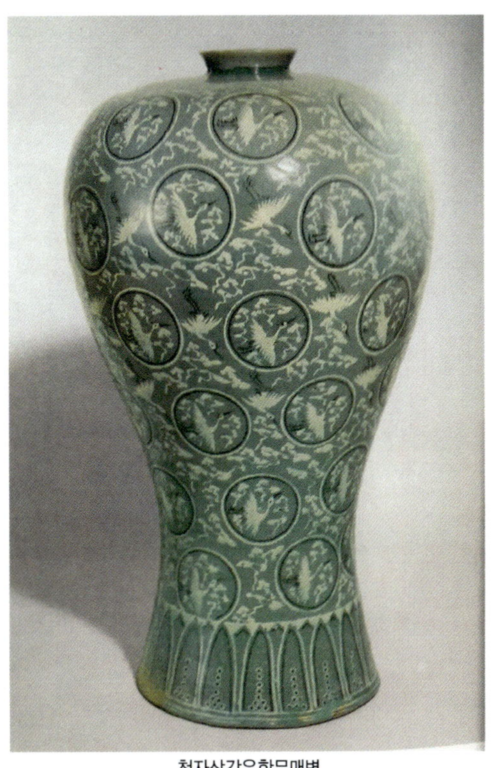

청자상감운학문매병

青磁象嵌菊唐草紋盒(청자상감국당초문합)

青磁象嵌菊花折枝紋馬上杯(청자상감국화절지문마상배)

분청사기(粉靑沙器)

흰색의 화장토로 분장한 청자를 줄인말

紛靑沙器剝地牡丹文鉢(분청사기박지모란문발)

粉靑沙器象嵌蓮花紋扁甁 (경북대학박물관소장)

粉靑沙器剝地牡丹文鐵彩자라甁
(분청사기박지모란문철채자라병)

粉靑沙器剝地牡丹文자라甁(분청사기박지모란문자라병)

粉靑沙器鐵畵唐草文(분청사기철화당초문) 항아리

조선백자(朝鮮白磁)

白磁透刻聯環文筆筒(백자투각연환문필통)

白磁鐵畵雲龍文(백자철화운룡문) 항아리

靑華白磁魚貝水鳥文瓶(청화백자어패수조문병)

白磁鐵畵葡萄文(백자철화포도문) 항아리

靑華白磁釣魚文花瓶(청화백자조어문화병)

靑華白磁山水文花瓶(청화백자산수문화병)

白磁鐵畵두꺼비硯(백자철화두꺼비연)

白磁鐵畵人形5種(백자철화인형 5종)

대만 국립고궁박물원

汝窯 粉靑奉華尊 (宋)

宣德窯 (明)靑花蟠龍 天球瓶

永樂窯 甜白三繫把壺 (明)

成化窯 釉裏紅三魚大缽 (明)

宣德窯 (明) 靑花蟠龍天球瓶

康熙窯 五彩鏤空雲紋香薰 (淸)

대만 국립고궁박물원

汝窯天靑窯變米色三犧尊 (宋)

鈞窯丁香紫尊 (宋)

永樂窯 靑花雲龍梅瓶 (明)

景德鎭窯仿定螢白天雞尊(明)

康熙窯 靑花竹葉蓋罐 (淸)

宣德窯寶石紅僧帽壺(明)

琺瑯彩孔雀花鳥盌

雍正窯(淸) 成化窯靑花盌 (明)

周窯 嬌黃饕餮紋鼎(明)

경덕진요(景德鎭窯)

青花 雲龍文 壺　明·正統(1436～1449) h:75.5cm

青花 龍文 梅瓶　明·宣德(1426～1435) h:54.5cm

青花紅彩 龍濤文 碗　明·成化(1465～1487) d:20.6cm

瑠璃地白花 鳳凰文 碗　明·成化(1465～1487) d:20.8cm

青花 牡丹文 盤　明·永樂(1403～1424) d:43.2cm

요주요(耀州窯)

三彩龍頭X獸 (唐)

三彩駱駝 (唐)

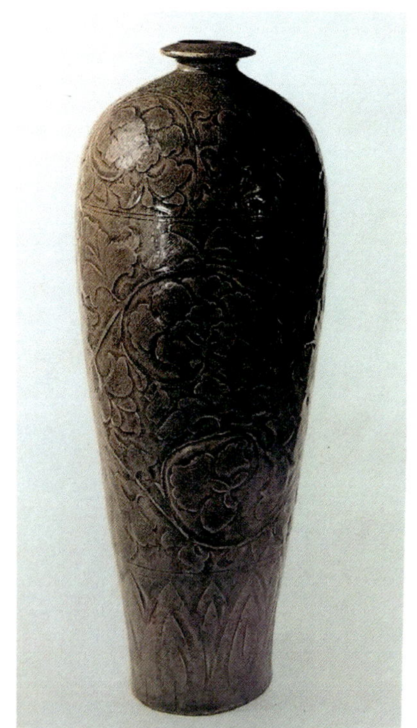

宋靑釉刻花牡丹紋甁 (宋)

黑釉塔式罐 (唐)

靑釉刻花牡丹紋甁

靑釉刻花牡丹紋執壺 (宋)

靑釉牡丹紋盤 (金)

靑釉刻花牡丹紋甁 (宋)

靑釉刻花甁 (宋)

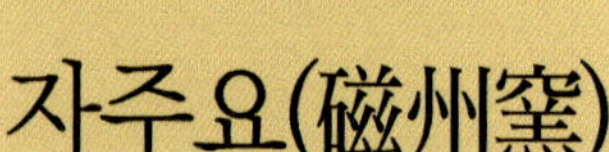

자주요(磁州窯)

쓰애끼(須慧器)

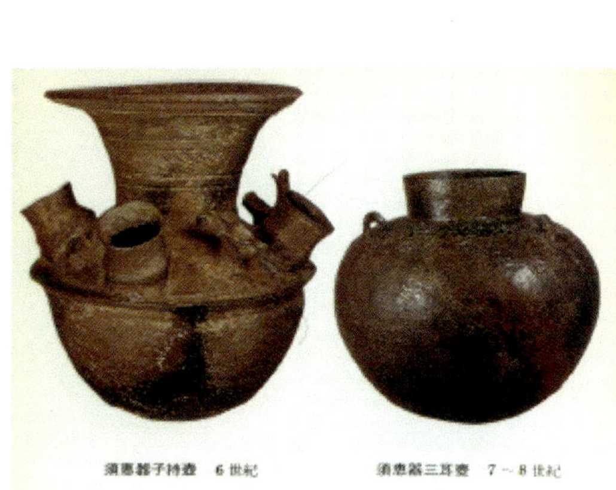

須惠器子持壺　6 世紀　　　　須惠器三耳壺　7～8 世紀

須惠器

井戸茶碗(이도자완)

세도 원투(瀬戸 猿投)

猿投 灰釉淨瓶 平安時代 높이 28cm

古六窯(고육요)
瀬戸, 常滑, 越田, 織田, 信樂, 丹波, 備前의 6 고도는 회유를 발라 고온으로 구운 일존 중세의 유명한 가마이다.

월전 주주(越前 珠州)

越前　鎌倉　刻字文壷

越前　室町　双耳壷

灰釉大壷

珠洲　平安末~鎌倉中期　秋草文壷

壷

珠洲　鎌倉末~室町中期　四耳壷

おはぐろ壷

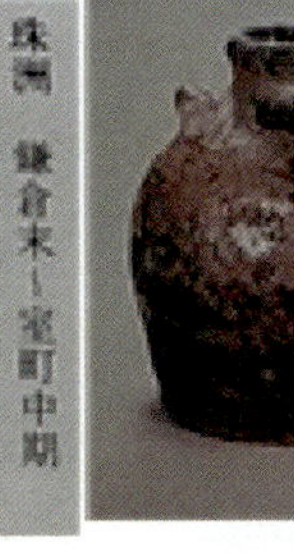

비전 단파 (備前 丹波)

備前燒 到立獅子 置物 높이 21.5cm

備前 室町末期 波状文壺

備前 室町初期 波状文壺

備前 鎌倉 櫛目文大壺

備前 江戸 銚子

船徳利

備前 桃山 大甕四耳壺

丹波 室町初期 大壺

壺

丹波 鎌倉 大甕

白丹波徳利

丹波 江戸末期 海老絵徳利

丹波 江戸初期 黒釉桶

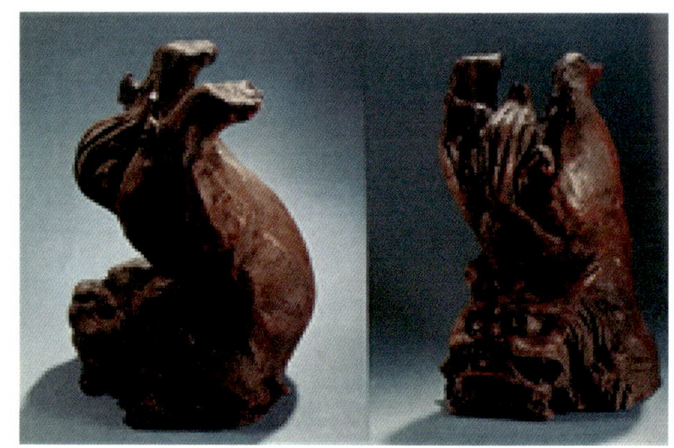

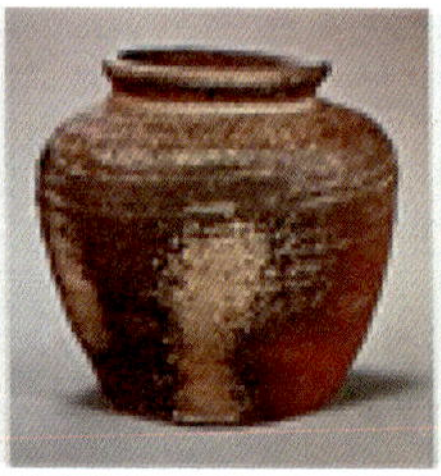

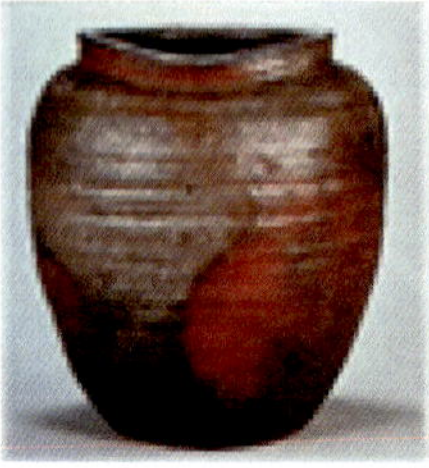

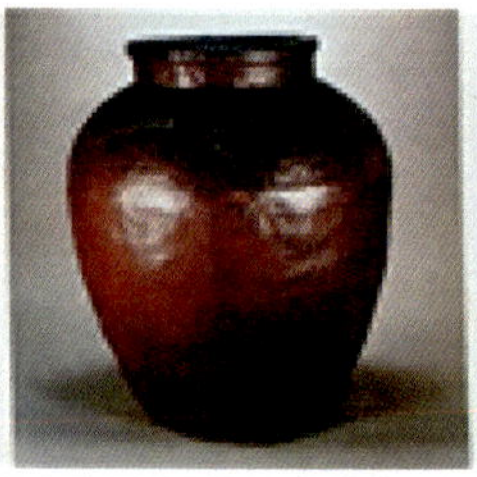

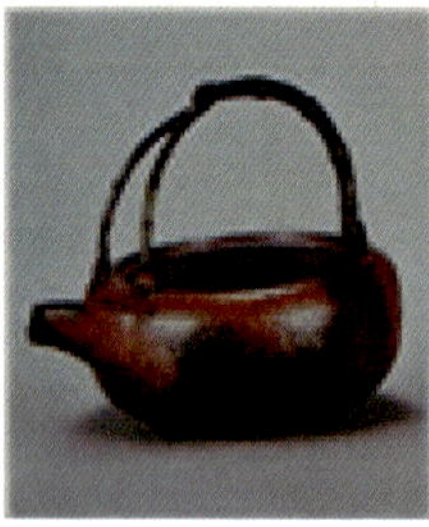

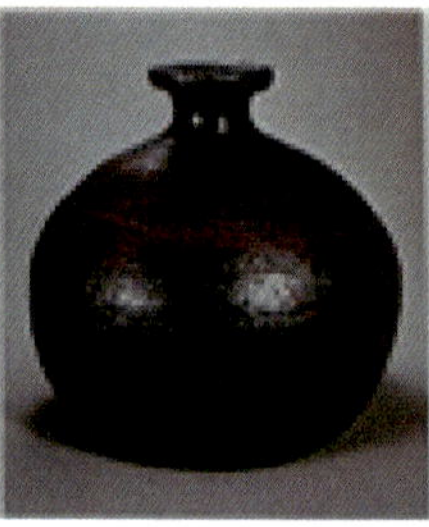

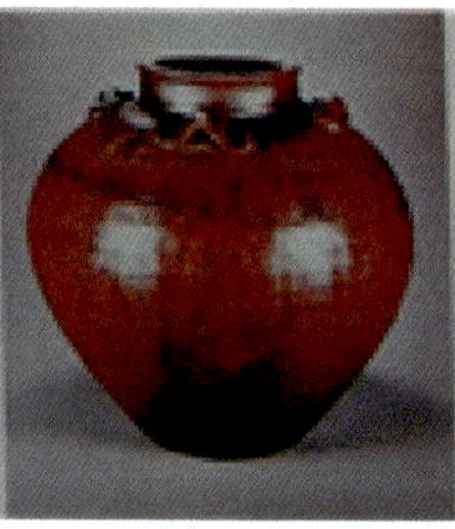

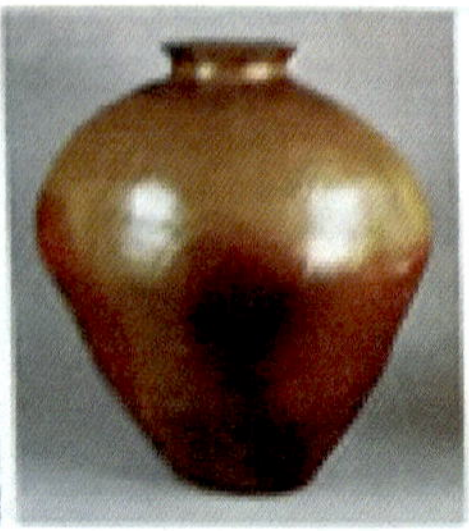

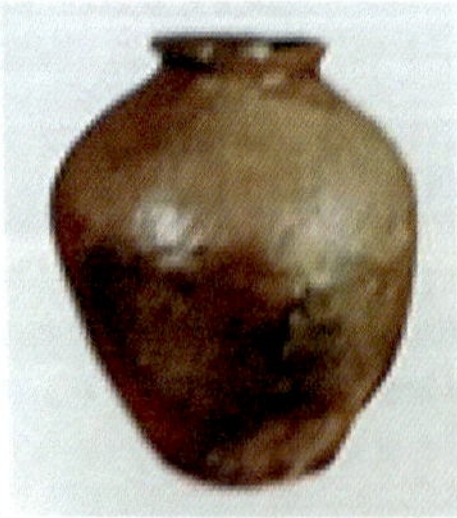

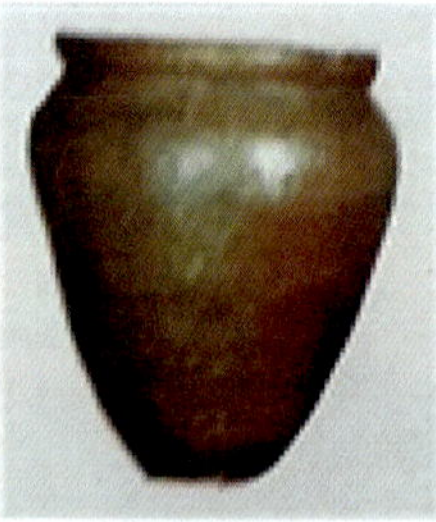

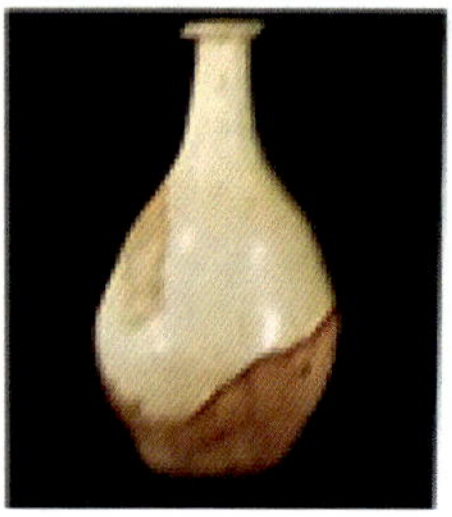

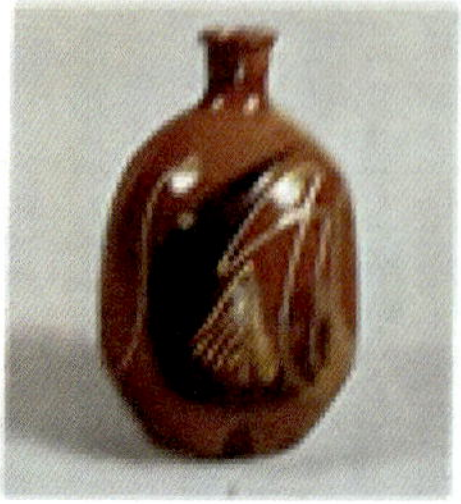

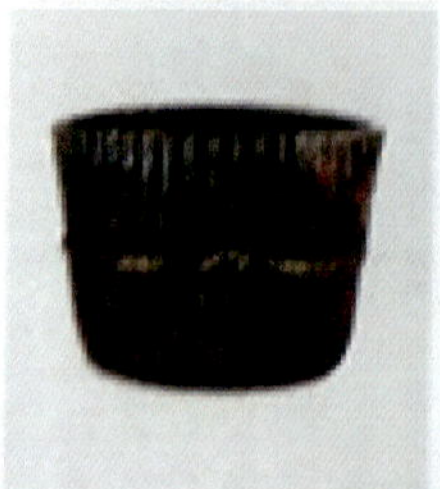

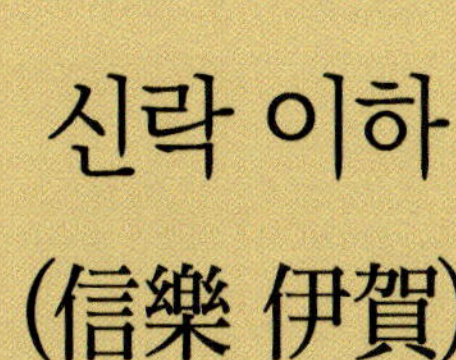

신락 이하
(信樂 伊賀)

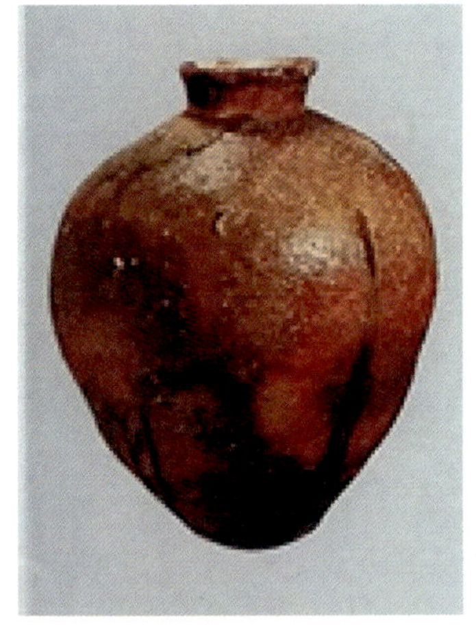

伊賀　江戸　水指

信樂　平安　紫香樂宮瓦　壺

信樂　室町　俑桶

信樂　鎌倉　壺

아리다(有田)

柿右衛門手　籠子鉢

青磁　瓶

染付　輪花皿　　　色絵　角瓶

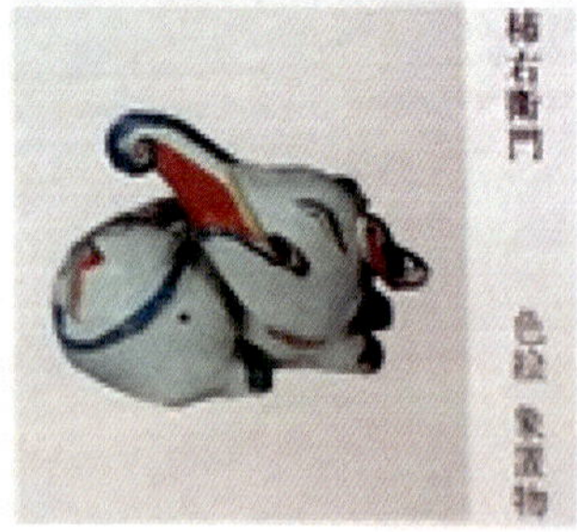

柿右衛門　色絵　聚置物

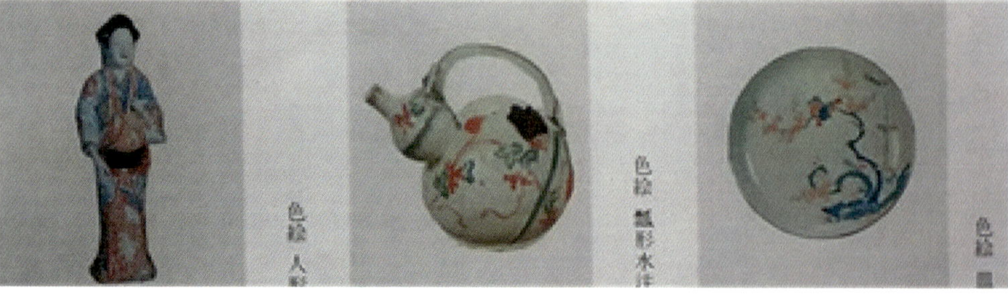

色絵　人形　　　色絵　瓢形水注　　　色絵　皿

色絵　瓶子

青磁　銹染付皿

鍋島

色絵　変形皿

色絵　鉢

色絵　皿

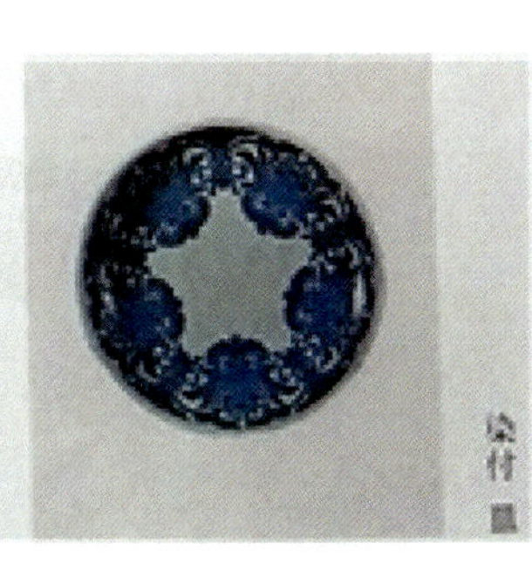

染付　皿

色絵　酒器（輸出用）

染付　壺

古伊万里

染付　大瓶

色絵　人形

MOA美術館

色絵　大皿

色絵　沈香壺

사스마(隆摩)

청송 심수관 작품 전시관에서

경북 청송 심수관 작품 전시관

+ **전시실 주요작품** Main Works

· 12대 심수관

△ 구름 학 거북그림 화병

△ 관음보살 입상

△ 카고메 투각 매미장식 향로 (15대 심수관)

· 13대 심수관 (정언)

△ 사쓰마 화병

△ 가을풀 난초 그림 화병

· 14대 심수관 (혜길)

△ 사쓰마 금수 금족문 물그릇

△ 부조 구름문양 큰 화병

· 15대 심수관 (일휘)

△ 카고메 투각 향로

△ 사쓰마 국화모양 향로

△ 칠보 홈투각 향로

△ 봉황그림 화병 한쌍

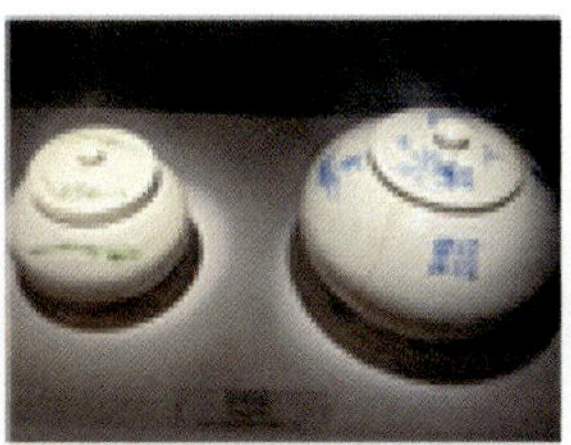
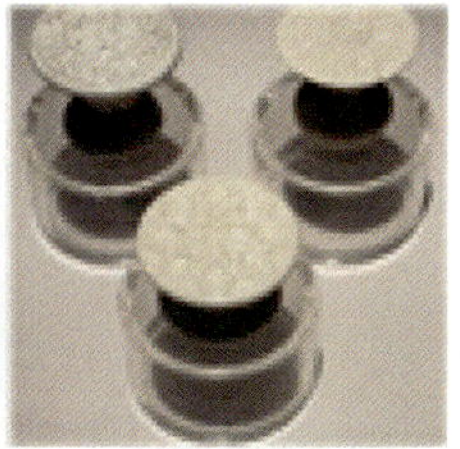

동남아시아

安南
染付瓶
染付籠彫水注
染付鳥形水注
染付皿

色絵壺
徳川黎明會
色絵茶碗
色絵合子
北村美術館
染付茶碗

南蛮
チマキ壺（タイ）
ハンネラ壺（タイ）
鉄絵鉢（ソコタイ窯）
宋胡録
鉄絵碗（ソコタイ窯）

安南
染付壺
染付壺
染付碗
鉄絵碗

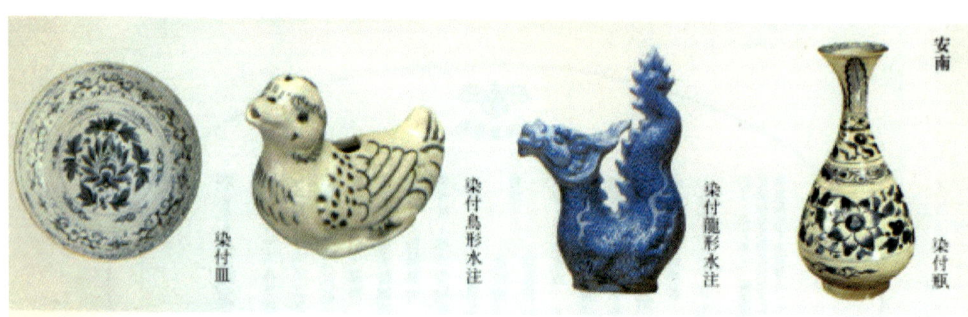

독일 마이센

[현대]

[18세기]

독일 마이센 - 18세기

프랑스

영국

이탈리아 – 18세기 마조리카

덴마크 – 로얄 코펜하겐

네델란드

그밖의 나라

노르웨이

소련

헝가리

핀란드

폴란드

스페인　　　　　　　　　　불가리아

폴란드

제 2 편

도자기 용어사전

陶磁器 用語 辭典

가

가마

고열로 가열하는 장치를 가마 또는 요로(窯爐)라 하는데. 일반적으로 요(窯:kiln)는 도자기처럼 소결하는 장치이고, 로(爐:fernace)는 유리처럼 용융하는 장치이다. 가마의 형식에는 불연속가마, 반연속가마, 연속가마로 나누고, 불꽃의 진행 방향에 따라 승염식가마, 횡염식가마, 도염식가마로, 불꽃의 접촉 여부에 따라 직화식가마, 반머플가마, 머플가마로 구분하고, 사용 연료에 따라 장작가마, 석탄가마, 석유가마, 가스가마, 전기가마로 나누고, 용도에 따라 초벌구이가마, 참구이가마, 장식구이가마, 프릿가마, 형상에 따라 둥근가마, 각가마, 고리가마, 터널가마, 그밖에 등요(登窯), 셔틀가마 등으로 분류한다.

동양적인 가마 등요

셔틀 가마(Shuttle Kiln)

터널 가마(Tunnel Kiln)

가

가마 재임

기물을 넣은 사야(匣)를 가마 안에 적재하는 작업을 가마 재임 또는 요적(窯積)이라 한다.

그러나 사야가 사라져가는 지금은 붕판 재임을 가마 재임이라 한다.

가마재임

가소성(可塑性)

반죽한 흙[연토(練土)]으로 기물을 만들 때 외력을 주어 변형시키면 그대로 있는 성질, 즉 고무처럼 원위치로 돌아가는 탄성의 반대되는 성질을 가소성이라 한다.

가소성 원료

가소성 원료에는 점토가 쓰이는데, 이는 성형하기 좋게 점성(가소성)과 건조강도, 소성강도 등을 부여하나, 반면에 불순물과 철분 함량이 많아 황갈색을 나타내며, 또 수축이 많아 변형 또는 파열하는 등의 결함이 따른다.

가압성형(加壓成型)

원료를 틀 속에 넣고 바깥에서 압력을 주어 찍어서 만드는 방법을 가압성형이라한다.

연토를 석고틀에 넣어 손으로 눌러 기물을 만드는 경우도 있자만 공업적으로는 기계(프레스)를 사용하므로 프레스성형이라고도 한다.

가압성형에는 분말 상태의 원료를 쓰는 건식가압성형과 연토(練土, 반죽한 흙)를 사용하는 습식가압성형이 있다.

종래에는 100톤급의 마찰프레스 (fliction press)가 쓰였으나 지금은 기백~수천 톤의 유압프레스가 쓰이고 있으며, 소형 제품생산 공장에서는 파워프레스(Power Press)도 쓰이고 있다.

틀에는 석고틀(石膏型)과 쇠틀(金型)이 있으며 일반적으로 가압성형은 쇠틀을 쓰지만 연토를 쓰는 경우 탈형하기 어려우므로 석고틀을 사용한다. 즉, 석고틀을 사용하여 성형한 후 고압 공기를 보내어 탈형이 잘 되게 한다. 이 석고틀은 타원형이나 4각 접시 등을 성형하는데 이용된다.

가압성형용의 소지는 분말이므로 건식 성형이라 하고 물레성형과 주입성형은 수분함량이 많으므로 습식 성형이라 한다.

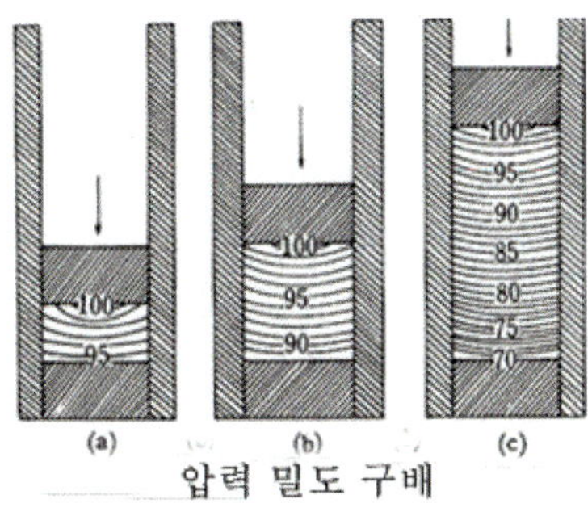

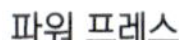
파워 프레스

마찰 프레스

유압 프레스

유압 프레스

갈라짐

소성할 때 열충격으로도 생기지만, 대개는 건조할 때 생긴 갈라짐이 소성할 때 더욱 벌어져 눈으로 볼 수 있게 나타나는 결점을 갈라짐 또는 절리(切離)라 한다. 건조할 때 생긴 것은 눈으로는 잘 보이지 않으므로 염료를 탄 물이나 경유를 발라서 갈라진 부분이 진

하게 나타나게 한 다음 가려낸다. 건조 파열을 찾아내기 위하여 경유를 바르는 경우 경유검사라 한다.

갑재임

내화갑(耐火匣) 안에 소성할 기물을 넣고 가마 재임 할 때까지 1m 정도로 포개어 두는 작업을 갑재임 또는 사야재임이라 한다.

붕판이 나오고부터는 접시 등 제한된 부분에만 사야를 사용할 뿐 사야(내화갑)는 사라져가고 있다.

강내화성 성분(强耐火性成分)

원료의 화학조성표를 보면 보통 SiO_2, Al_2O_3, CaO, MgO, Na_2O, K_2O의 성분 중량(%)과 강열감량이 나타나 있고, 때로는 필요에 따라 SK도 표시되어 있으며, 이것으로 원료의 성질을 파악 할 수 있다.

(p.72 「내화성 성분」 참조)

강열 감량(强熱減量)

원료의 성분 분석표에 강열 감량 또는 작열 감량(灼熱減量)이 표시되어 있는데, 이는 고온으로 가열할 때 감소하는 중량 %를 말하며, 이를 이그로스(Ig-loss, Ignition loss)라고 부른다. 감량(減量)되는 원인은 화합수(化合水)가 떨어져 나가거나, 탄산염이나 황산염이 분해하여 탄산가스나 아황산가스로 방출되거나, 탄소 유황 유기물이 타서 없어지기 때문이다.

이는 수축에 영향을 주므로, 감량이 크면 제품에 나쁜 영향을 준다.

꺽임불꽃식 가마

도염식요(倒焰式窯)라고도 하는데, 불꽃이 아궁이에서 가마 천장으로 올라갔다가 꺾여 가마 바닥으로 내려오면서 피열물을 가열하고 가마 바닥 아래 연도를 거쳐 굴뚝으로 나가는 형식의 가마이다. 오름불꽃가마나 옆불꽃가마에 비하여 열효율이 좋기 때문에 단가마(단독요) 중에서는 가장 많이 사용되는 형식의 가마이다.

건요(建窯)

중국 복건성(福建省) 건양현(建陽縣) 수길진(水吉鎭)에 있던 도요(陶窯)로, 송대에 대소의 흑유 천목(天目) 찻잔만을 양산한 가마이다. 대부분의 유면(釉面)에는 토끼털과 같은 흰 줄무늬가 있어 토호잔(兔毫盞)이라고도 부른다.

견운모(絹雲母)

견운모는 알갱이가 미세하고 겉면이 매끈하여 비단과 같은 광택을 내므로 견운모라 하고 화학식은 $K_2O \cdot Al_2O_3 \cdot 6SiO_2 \cdot 2H_2O$로서 이론 조성은 K_2O 11.8%, SiO_2 44.2%, Ai_2O_3 38.5% 이다.

견운모를 도자기 원료로 중요시하고 있는 것은 점토상으로 가소성 및 건조강도가 크고, 또 장석의 역할을 겸하며 용융할 때 생성되는 유리상의 점성이 커서 하중연화온도가 높기 때문이다.

특히 주입성형에서 중요시되는 원료로 침상결정과 판상 결정이 있는데, 주입성형에[유용한 것은 판상 결정이다. 견운모는 분산 능력이 가소성 원료에서 가장 뛰어나 해교제의 양을 줄여도 분산이 잘되어 이장의 유동성과 흐름이 아주 잘되고 가소성이 풍부함에도 석고형에 니장이 흡착되는 속도가 빨라 작업성이 좋고 슬립 안에 물이 적으면서 유동성이 좋아 석고틀이 덜 젖으므로 석고틀의 사용 회수를 느릴 수 있으며 또한 건조 소성수축이 적어 갈라짐과 파열을 줄여주는 중요한 원료이다.

결정유(結晶釉)

일반 유약은 비정질이나, 결정유는 녹았을 때 결정성 물질이 포화되었다가, 그것을 천천히 식히면 결정이 석출되어 아름다운 문양으로 나타나는 유약이다.

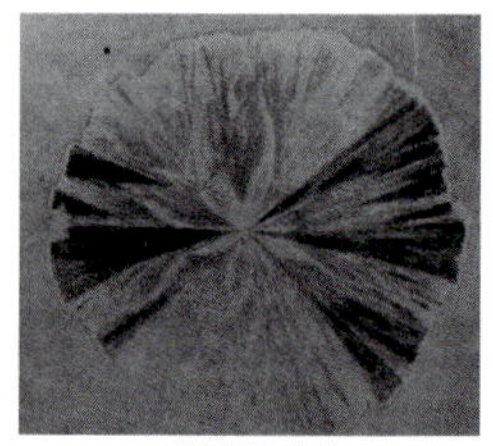

아연의 결정

결정유

경덕진 가마(景德鎭窯)

중국 하남의 청자 생산지로 유명한 가마, 옆불꽃식 가마(橫炎式窯)이다.

강성성 경덕진시(景德鎭市) 부양현(浮梁縣)에 있는 중국 최대의 요업지로. 당 말경부터 시작되어 송 시대에 들어와서 청백자[靑白磁, 영청(影靑)], 이후 청화(靑花), 유리홍(釉裏紅), 오채(五彩) 등의 다채로운 자기를 굽던 가마이다.

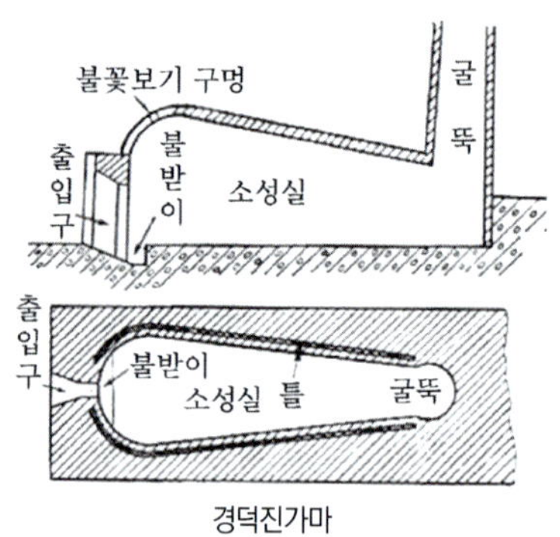

경덕진가마

경질 자기

우리나라에서는 카올린, 점토, 장석, 석영을 주원료로 하여 1300℃ 정도의 온도에서 소성한 자기를 경질 자기, 또는 보통 자기, 장석질 자기라 한다. 서양에서는 1410℃ 이상에서 소성하는 경우도 있으며 식기, 전기자기, 타일 등에 쓰인다.

경량질 도기

소지의 색깔을 희게 하고, 무게를 가볍게 하기 위해서 가소성 점토에 석회석, 돌로마이트, 카올린 등 발포제를 섞어 만든 것이다. 백운석과 석회석을 함께 쓴 것이 대부분이며, 일반적으로 백운 도기라고 한다.

고령토(高嶺土)

카올린(Kaolin)이라고도 하는데, 고령토는 중국의 고능토에서 유래되었으며 현장에서는 백토, 자토, 도토, 백도토 등으로도 부른다. 그 화학식은 $Al_2O_3 \cdot 2SiO_2 \cdot 2H_2O$이며, 카올린족 광물에는 카올리나이트(Kaolinite), 할로이사이트(Halloysite), 디카이트(Dickite), 나크라이트(Nacrite) 등으로 되어 있는데, 이들을 카올린의 동질다상이라 한다.

일반적으로 점토와 거의 같은 조성이지만, 점토에 비하여 불순물이 적고, 알갱이가 커서, 가소성이 작으며 내화도가 높고 색은 백색 또는 백색에 가까운 엷은 분홍 또는 갈색이다.

도자기 만드는데 고령토는 주원료이다. 원료나 제품의 종류에 따라 다르나, 고령토에 가소성 원료인 점토 15%와 매용 원료인 장석 15% 정도 넣는다.

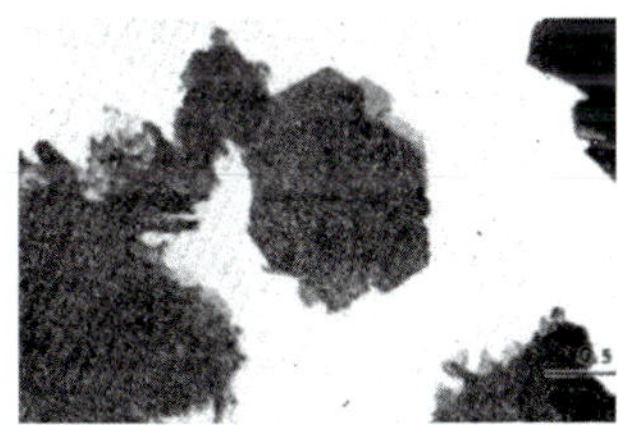

카올리나이트 결정

할로이사이트 결정

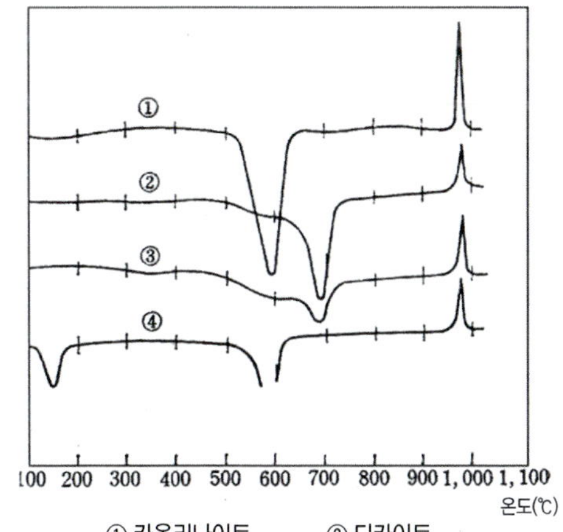

① 카올리나이트　② 디카이트
③ 나크라이트　④ 할로이사이트
〈고령토의 시차 열분석 곡선〉

고리 가마

룬요(輪窯) 또는 링그 킬른(ring kiln)이라고도 하는데 19세기 중엽에 호프만에 의해 고안된 것으로 고리 모양으로 연결하여 한 실에서 소성품을 내고 나면 그 실에서 가마재임하고, 중간의 실에서는 소성하여 연속적으로 작업이 이루어지게 하여 폐열을 예열에 이용하는 전 시대의 연속식 가마의 한 예이다. 연소실의 수는 12~20개가 보통이지만, 연소실 14개, 길이 80m 정도가 알맞다. 주로 벽돌의 소성에 쓰였다.

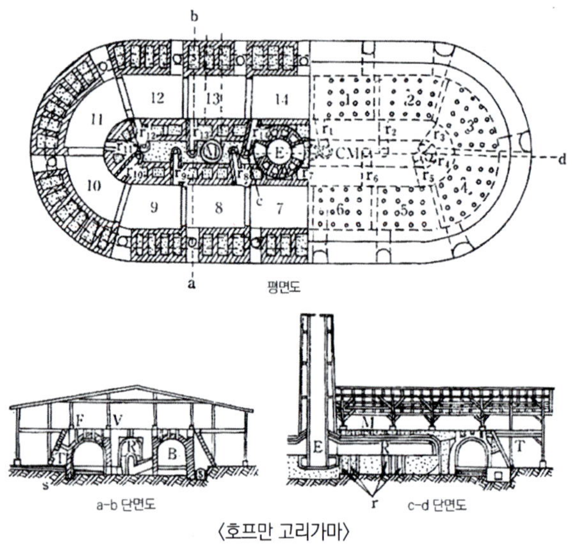

〈호프만 고리가마〉

고온 측정(高溫測定)

도자기 소성에서 마지막에 불을 끄는 소화온도의 측정이 가장 중요하다. 소화온도가 낮았을 때는 자화가 덜 되고 너무 높으면 찌그러지는 현상이 생기므로 소화온도를 정확히 맞추어야 한다. 보통 때는 목측으로 짐작해도 되지만, 참구이 때도 단계마다 온도 측정을 정확히 해야 하므로 고온 측정용의 계기가 필요하다. 고온측정기에는 열전쌍고온계와 광고온계가 있으며 불을 끌 때는 제겔콘이나 색견편을 보고 불을 끄는 경우도 많다.

목측(目測)

눈짐작(目測)으로 온도를 예측할 수 있으나 많은 경험이 필요하다.

불의 상태	선혈색	귤색	황색	백색	눈부신 백색
온도 ℃	800	1000	1,200	1,300	1,400

제겔추(Segei cone)

삼각형의 추로 구부러지는 상태를 보고 온도를 알아내기 위한 방법으로 독일의 제겔이라는 사람이 만든 추(錐)를 말하며 미국의 오톤이 만든 오톤추도 있다. 그림에서 중앙의 추처럼 끝부분이 바닥에 닿았을 때의 추 번호로 온도를 규정하였다

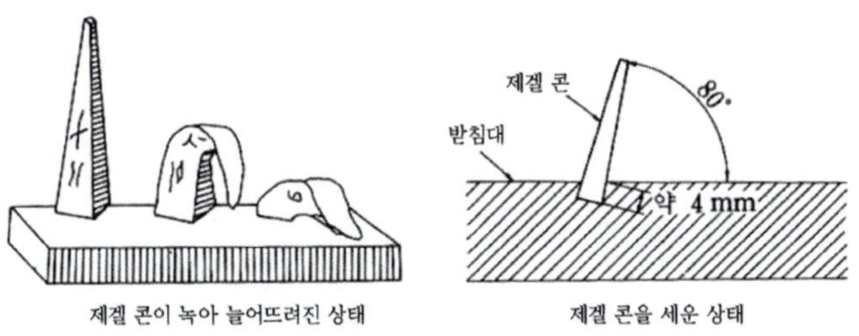

제겔 콘이 녹아 늘어뜨려진 상태   제겔 콘을 세운 상태

열전쌍 고온계(熱電雙高溫計:Thermo cuple pyrometer)

열전쌍과 전압측정용 미리 볼트계를 온도 상승에 따라 커지는 기전력의 수치를 온도 수치로 바꾸어 놓은 온도계로 구성된 고온정용 계기이다.

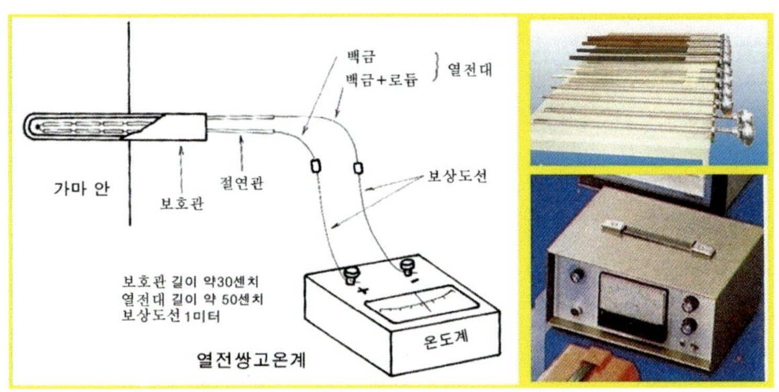

광고온계(光高溫計:optycal pyrometer)

불의 색깔과 필라멘트의 색깔이 일치하였을 때의 흐르는 전류량을 온도의 수치로 바꾸어 놓은 고온 계측기이다.

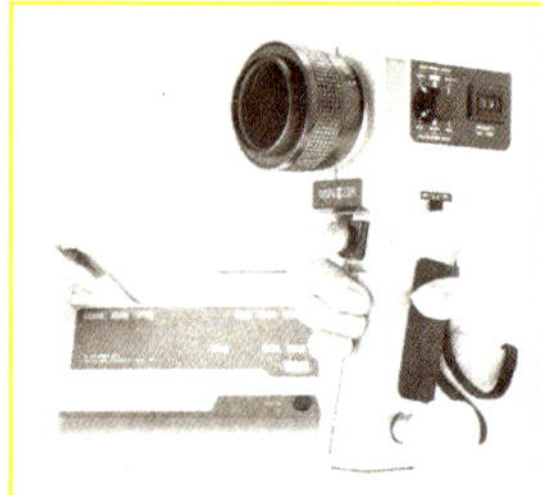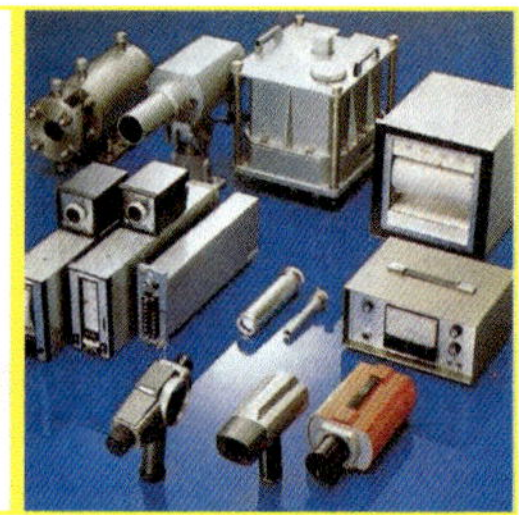

광고온계

색견편(色見片)

유약을 바른 소지토 조각을 가마 안에 넣어 두었다가 소성이 끝날 때가 되면 꺼내어 보고 소화 시기를 결정하는 온도 지편(指片)이다.

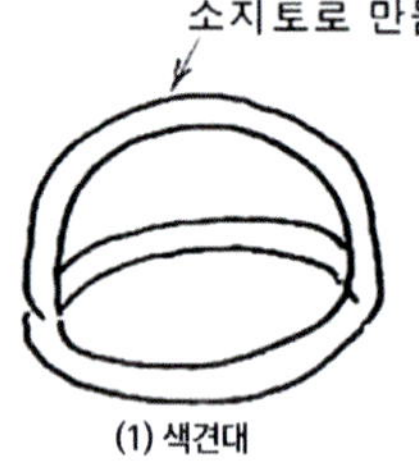

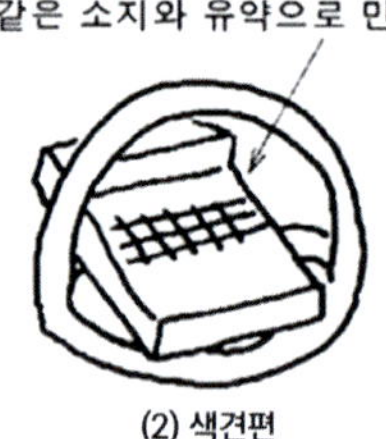

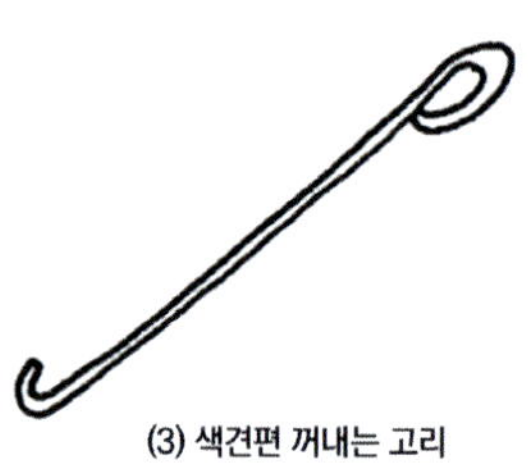

고취소(高取燒: 다까도리야끼)

임진왜란 첫해(1592년)에 납치되어간, 고취 팔산(高取 八山)이 개요한 가마의 이름이다.

도요토미 히데요시(豊臣秀吉)는 조선 침략 전쟁에는 실패하였지만, 이 전쟁으로 조선의 도공을 수만 명을 일본에 납치하여가서 일본을 세계적인 요업(窯業)국으로 만들었으므로 일본에서는 임진난을 도자기 전쟁이라 부른다.

〈제겔추와 오톤추의 온도 비교표〉

제겔추		추	오톤추	
화씨	섭씨	번호	섭씨	화씨
1112	600	022	605	1121
1202	650	021	615	1139
1238	670	020	650	1201
1274	690	019	660	1220
1310	710	018	720	1328
1346	730	017	770	1418
1382	750	016	796	1463
1454	790	015 a		
		015	805	1481
1490	815	014 a		
		014	830	1526
1535	835	013 a		
		013	860	1580
1571	855	012 a		
		012	875	1607
1616	880	011 a		
		011	895	1643
1652	900	010 a		
		010	905	1661
1688	920	09 a		
		09	930	1706
1724	940	08 a		
		08	950	1742
1760	960	07 a		
		07	990	1814
1796	980	06 a		
		06	1015	1859
1832	1000	05 a		
		05	1040	1904
1868	1020	04 a		
		04	1060	1940
1904	1040	03 a		
		03	1115	2039
1940	1052	02 a		
		02	1125	2057
1976	1080	01 a		
		01	1145	2093
2012	1100	1 a		
		1	1160	2120
2048	1120	2 a		
		2	1165	2129

제겔추		추	오톤추	
화씨	섭씨	번호	섭씨	화씨
2084	1140	3 a		
		3	1170	2183
2120	1160	4 a		
		4	1190	2174
2156	1180	5 a		
		5	1205	2201
2196	1200	6 a		
		6	1230	2246
2246	1230	7	1250	2282
2282	1250	8	1260	2300
2336	1280	9	1285	2345
2372	1300	10	1305	2381
2408	1320	11	1325	2417
2462	1350	12	1337	2439
2516	1380	13	1349	2460
2570	1410	14	1398	2548
2615	1435	15	1430	2606
2660	1460	16	1491	2716
2696	1480	17	1512	2754
2732	1500	18	1522	2772
2768	1520	19	1541	2805
2786	1530	20	1564	2847
		23	1605	2921
2876	1580	26	1621	2950
2930	1610	27	1640	2984
2966	1630	28	1646	2995
3002	1650	29	1659	3018
3038	1670	30	1665	3029
3074	1690	31	1683	3061
		31½	1699	3090
3110	1710	32	1717	3123
		32½	1724	3135
3146	1730	33	1743	3169
3182	1750	34	1763	3205
3218	1770	35	1785	3245
3254	1790	36	1804	3279
3317	1825	37	1820	3308
3362	1850	38	1835	3335
3416	1880	39	1865	3389
3488	1920	40	1885	3425
3560	1960	41	1970	3578
3632	2000	42	2015	3659

골회(骨灰: bone ash)

소의 뼈를 구워서 유기물을 태운 후 분쇄하여 만든 백색 또는 황색을 띤 가루이다.

주요 조성은 인산칼슘과 탄산칼슘 $(3Ca_3(PO_4)_2 \cdot CaCO_3 \cdot H_2O)$이다.

〈골회의 성분(%)〉

No	CaO	P_2O_5	Na_2O	K_2O	C	SiO_2	Fe_2O_3
1	47.8	35.0	-	-	16.0	1.0	0.02
2	52	39.9	0.8	1.3	5.5	0.7	0.02

골회자기(骨灰磁器)

영국에서 처음 개발한 것으로 장석질자기에 골회를 20~60% 넣어 만든 자기로 본차이나(Bone China)라고도 한다.

질이 여물고 질감이 부드러운 특징이 있다.

〈골회자기 조합 예〉

No	골회	장석	도석	고령토	와목점토	규석	소성온도
1	45.0	25.0	-	27.5	-	2.5	SK9
2	60.0	20.0	-	20.0	-	-	SK6a
3	45.0	10.0	15.0	-	30.0	-	SK8

과잉공기계수

완전 연소를 시키는데 필요한 이론공기량에 대한 실제 필요공기량을 과잉 공기라 하며, 실제 필요공기량의 비율을 과잉공기계수라 한다.

광화제(鑛化劑)

소성 중에 어떤 광물의 생성을 돕는 작용을 하는 원료로 융제 역할을 하면서 광물의 생성 온도를 낮게 하는 원료를 광화제라 한다. 특히, 채료 제조에서는 촉진 및 정색 보조제의 역할도 한다. 원료로는 고온에서 휘발하여 가스화되는 플루오르화물, 염화물, 붕화물이 사용되고 있다.

교반기(攪拌機)

슬립(slip)을 저어주는 기계를 교반기라 한다.

볼밀에서 미분쇄한 슬립을 압려기에서 탈수하기 전에 알갱이가 가라앉는 것을 막기 위해서 저어주는 장치와, 탈수된 필터 케이크를 주입용 슬립으로 만들기 위해 물을 부어 풀어주는 교반기의 두 가지 형이 있다.

전자는 볼밀에서 미분쇄된 슬립을 바로 빼기 위하여 지하에 탱크를 설치하며, 주입용 슬립 교반기는 유체의 수압을 이용하기 위하여 지상에 설치하는 경우가 많다.

다음 왼쪽 그림은 소규모 주입용 슬립 교반기이며, 오른쪽 그림은 볼밀에서 나온 슬립의 교반 탱크인데 2층에 볼밀이 있으며 1층 탱크에서 받아 탈수한다.

주입용 교반기

교반 탱크

구석(球石)

볼밀 안에 원료의 분쇄 매체로 넣는 돌을 구석 또는 볼(Boll)이라 한다. 구석은 둥근 것이 좋으며, 플린트구, 마노구, 자기구, 알루미나구 등이 있다.

굳힘구이

도기 제조의 1차 소성법으로 고온(1150℃~1250℃)으로 구어 충분한 강도를 가지게 산화불꽃으로 소성하는 구이를 굳힘구이 또는 체소(締燒)라고 한다. 굳힘구이 한 다음 유약을 발라 유소(釉燒, 1050℃~1150℃)하여 도기(陶器)를 완성 한다.

권상법(捲上法: Coil Building)

손으로 흙 가래를 만들어 쌓아 올려 기물을 만드는 방법이다.

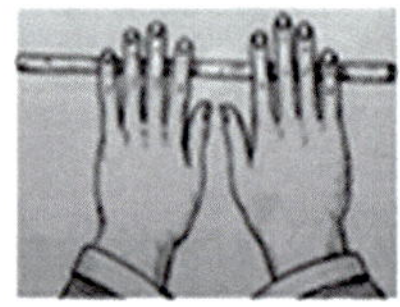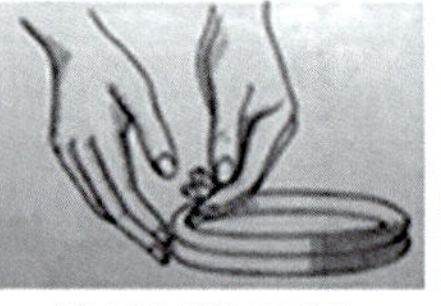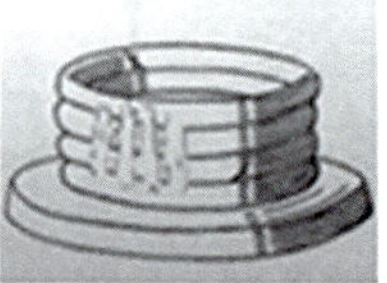

(1) 흙 가래 만들기　(2) 바닥 만들기　(3) 등채 쌓아 올리기　(4) 면 고르기

규산(硅酸)

실리카(silica) 또는 SiO_2로 표시되며 지각을 구성하고 있는 토석(土石)에 SiO_2는 60%정도이나 대부분은 규산염의 형태이고 일부만 유리(遊離) 상태의 규산으로 존재하는데 결정질인 수정 등도 있으나 대부분은 무정형의 규석의 상태로 존재한다.

규산비(硅酸比: silica ratio)

유약의 염기성성분과 규산의 몰당량비를 규산비라 하는데 1:1~1:3 안에 있어야 한다. 비가 적으면 유약이 가용성으로 되고, 너무 크면 소성할 때 녹지 않는다. 분자량을 1몰(mol) 또는 1당량이라 한다.

규산염

염이란 산과 알카리의 중화된 상태의 물질 또는 산성산화물과 염기성 산화물의 화합물을 말하며 규산염이란 산성산화물인 규산(SIO_2)과 염기성산화물(Na_2O, K_2O, CaO, MgO 등)과의 화합물을 말한다.

규산염 공업

종래에는 요업의 주체 물질이 규산염이기 때문에 요업을 규산염공업이라 하였으나, 지금은 SiC나 BCN처럼 금속 또는 비금속에 이르기까지의 복합 화합물인 신요업 제품(new ceramics)이 등장하면서부터 규산염공업이라는 말이 사라지게 되었다.

규석(硅石: quartz)

화학식은 SiO_2, 경도 7, SK 32~35, 비중 2.7로 백색 또는 엷은 색을 띠는 단단한 암석이다.

규석　　　　　수정

규석은 소지에서 건조 및 소성수축을 감소시키고, 기계적강도 및 내열성 내화학성을 증가시키며, 전기절연성을 높이는 장점이 있으나 분쇄가 어려우므로 식기류에는 거의 쓰지 않으려는 경향이 있다.

유리 즉 유약의 주성분이 SiO_2이므로 50%까지 쓰이지만, 사용량은 규산비 안에 있어야 한다.

규석을 광복 후 일본식 발음으로 오래도록 현장에서 개석이라 불렀으며 학생들에게도 개석이라 가르키고 교과서가 나오고부터 규석으로 고쳐졌으나 규석이라 배운 학생도 병신될까 두려워 개석이라 불렀다 한다.

규회석(wollastonite)

구성 성분은 규산칼슘이며, $CaO \cdot SiO_2$ 또는 $CaSiO_3$의 화학식으로 표시된다. 비중이 2.9, 경도가 4.5 내화도는 SK18, 용융온도는 1540℃이다.

균열(龜裂)

유약 표면에 거북등처럼 잔금이 생기는 결점이며 잔금이라고도 한다. 소지보다 유약의 팽창계수가 클 때 생긴다. 고려청자의 균열은 경년변화에 의한 후기 균열이다.

균열유(龜裂釉)

잔금(균열)은 결점이나 미적 효과를 높이기 위하여 의도적으로 생기게 한 유약이다. 경년 변화에 의해서 생기는 경우도 있지만, 이 틈으로 수분이 들어가면 결점이 생기므로 무느가 잘 드러나게 채색유를 끼

우고 그 위에 균열이 생기지 않는 투명유를 발라 다시 굽는 경우도 있다. 잔금의 크기는 유약의 열팽창계수를 변화시킴으로써 조절할 수 있다.

균요(鈞窯)

명나라 초에 균주(鈞州)라고 불렀던 것이 균요의 시작 용어이며, 지금의 하남성(河南省) 우현(禹縣) 신후진(神垕鎭)에 있었던 가마이다. 중국 송나라 때 이름난 5가마 중의 하나이며 송나라 때 흑유자기인 천목자기가 많이 생산되었다. 백탁(白濁)의 투명도가 낮은 유(釉)가 두껍게 발린 월백(月白)과 구릿빛의 홍자(紅紫) 등 다양하게 제작되었다.

그릇의 명칭

그릇 이름에는 罐(관), 臺(대), 爐(로), 皿(명), 盤(반), 鉢(발), 盃(배), 杯(배), 範(범), 瓶(병), 楪(접), 盞(잔), 枕(침), 盒(합), 壺(호), 硯(연), 注子(주자) 등이 있다.

관(罐)

관(罐)은 두레박을 뜻하며, 일반적으로 물 뜨는 그릇을 가리킨다.

예 : 嘉靖窯青花豆式罐

嘉晴窯青花豆式罐
(가정요청화두식관)

대(臺), 기대(器臺)

대(臺)는 원래 사방을 바라볼 수 있도록 높직하게 방형으로 흙을 쌓고 그 위를 평평하게 다듬은 곳, 또는 그러한 곳 위에 지은 집을 가리키나, 그릇을 가리킬 때는 기물을 받치거나 올려놓게 만든 받침이다. **기대**(器臺, 그릇 받침)라고도 한다. 즉 대(臺)는 기물을 받치는 받침이다.

예 : 鳥形裝飾附器臺(새 모양 장식을 붙인 그릇 받침)

鳥形裝飾附器臺
(조형장식부기대)

로(爐)

로(爐)는 화로라는 뜻이며, 방바닥이나 땅바닥을 파내어 취사나 난방용으로 불을 피우게 만든 시설 또는 불담는 그릇을 말한다.

예 : 靑釉刻花三足爐

靑釉刻花三足爐
(청유각화삼족로)

명(皿)

명(皿)은 그릇 중에서 넓고 평평한 접시를 가리킨다. 일본에서는 **사라**(皿), 우리나라에서는 **접시**(楪匙), 중국에서는 **반**(盤)으로 표시하기도 한다.

예 : 일본의 色繪皿

일본의 色繪皿(색회명)

반(盤)

반(盤)은 소반(小盤), 쟁반(錚盤), 예반(禮盤) 등을 두루 가리킨다. 소반(小盤)은 짧은 다리가 있어 밥과 음식을 차려놓고 먹는 작은 밥상이다. 쟁반(錚盤)은 운두가 얕고 둥글고 납작하거나, 네모난 그릇으로 음식 그릇을 받쳐 드는 데 쓴다. 예반(禮盤)은 나무로 만든 둥글넓적한 쟁반의 일종이다.

예 : 靑磁象嵌菊唐草文大盤
　　(청자상감국당초문대반)
　　(해강(海剛)도록)

예 : 靑釉印花魚蓮紋盤 (金)
　　(청유인화어연문반 금)
　　(요주요(耀州窯)도록)

靑磁象嵌菊唐草文大盤
(청자상삼국당초문대반)

靑釉印花魚蓮紋盤
(청유인화어연문반)

발(鉢)

발(鉢)은 뚜껑이 있는 여자용 밥그릇을 가리킨다. 남자용 밥그릇은 완(碗)이라고 했다. 보통 바리라고 한다.

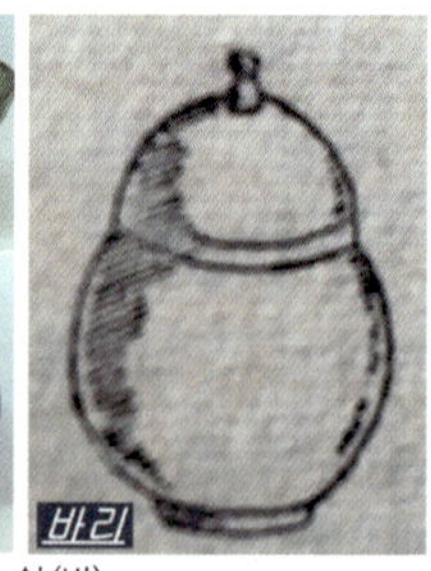

鉢(발)

배(盃, 杯)

배(盃)는 주로 술잔을 말한다. 盃(배)는 杯(배)의 속자(俗字)이다.

예 : 印花紋杯 (호림(護林)도록)

印花紋杯(인화문배)

고배(高杯)

굽이 높은 잔을 고배(高杯)라 한다.

예 : 瓔珞附高盃 (호림(護林)도록)

瓔珞附高盃(영락부고배)

범(範)

석고 틀을 범(範)이라 한다.

예 : 交枝牡丹紋碗範

交枝牡丹紋碗範(교지모란문환범)

병(瓶)

병(瓶)은 일반적으로 물이나 술 또는 음료수를 넣는 아가리가 적은 단지를 말하나, 꽃병일 때는 아가리가 넓어도 병으로 호칭한다.

瓶(병)

정병(淨瓶)

깨끗한 물 담는 병. 우측 그림의 병을 중국에서는 당소병(唐素瓶)이라 하며, 일본 도록에는 회유정병(灰釉靜瓶)이라 되어 있다. 우리나라는 정병(淨瓶)으로 표시한다.

唐素瓶(당소병),
또는 灰釉靜瓶(회유정병)

횡병(橫瓶)

장군 모양처럼 옆으로 긴병.

예 : 횡병(橫瓶) (湖林도록)

橫瓶(횡병)

편병(扁瓶)

둥굴면서 납작한 병.

예 : 李朝扁壺
　　　[일서(日書) 이조백자(李朝白磁)]

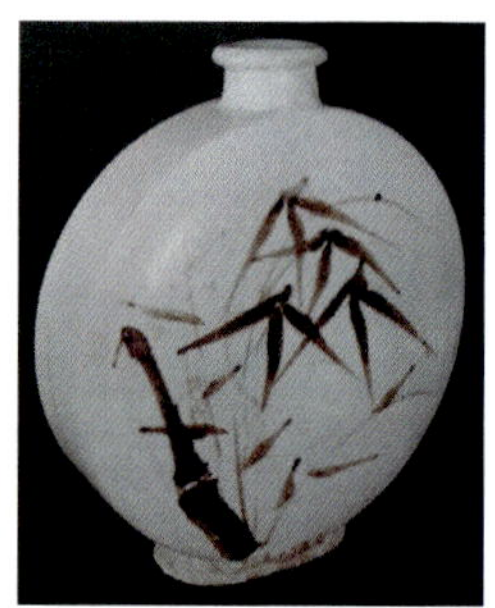
李朝扁壺(이조편호)

각병(角瓶)

모가 난 병. 4각, 6각, 8각의 병도 있다.

예 : 青華白磁山水文角瓶
　　　[이조도자(李朝陶磁) 도록]

青華白磁山水文角瓶

매병(梅瓶)

아가리가 작고 어깨 부분은 크며, 밑이 홀쭉하게 생긴 병.

예 : 靑磁象嵌雲鶴紋梅瓶 (청자상감운학문매병)

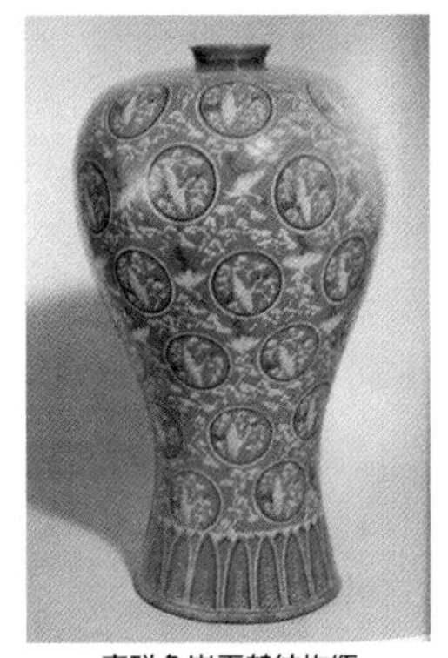

靑磁象嵌雲鶴紋梅瓶

자라병(瓶)

자라 모양으로 생긴 병.

예 : 粉靑沙器剝地牡丹紋자라瓶 (분청사기박지모란문병)

[이조도자(李朝陶磁)도록]

粉靑沙器剝地牡丹紋자라瓶

접시(楪匙)

접시는 반찬이나 과일 따위를 담는 얇고 납작한 그릇이다.

예 : 靑磁陽刻蓮唐草文楪匙 (청자양각연당초문접시) (12세기, 해강(海剛)도록)

가

대접(大楪)

대접(大楪)은 접시보다 높은 국그릇이다.

예 : 靑磁象嵌花蝶紋己巳銘大楪 (1260년, 해
강(海剛)도록)

靑磁象嵌花蝶紋己巳銘大楪
(청자상감화점문기사명대접)

옹(甕)

독, 옹기, 단지.

예 : 突起附甕(꼭지형 옹기) (湖林도록)

突起附甕(돌기부옹)

잔(盞)

술 물 등 음료수를 담는 아가리가 넓은 작은 그릇.

예 : 白磁靑華菊蓮紋耳盞 (16세기, 해강 도록)

탁잔(托盞)

잔과 잔대

예 : 靑磁相嵌菊花紋花形托盞
청 자 상 감 국 화 문 화 형 탁 잔

(12~13세기, 해강도록)

靑磁相嵌菊花紋花形托盞
(청자상감국화문화형탁잔)

침(枕)

베개. 사람이 잠잘 때 머리를 받치는 기물.

예 : 靑磁象嵌葡萄紋枕 (해강 도록)
청 자 상 감 포 도 문 침

靑磁象嵌葡萄紋枕(청자상감포도문침)

합(盒)

찬합, 도시락. 뚜껑이 있고 납작한 그릇.

예, 白磁靑畵牡丹紋盒
백 자 청 화 모 란 문 합

白磁靑畵牡丹紋盒(백자청화모란문합)

완(盌)

주발(周鉢). 몸체가 직선형이며 밑바닥
이 약간 좁아 아래보다 위가 벌어진 모양
으로 뚜껑 있는 남자용 밥그릇.

예 : 靑磁陰刻蓮辮紋有蓋盌
청 자 음 각 연 변 문 유 개 완

靑磁陰刻蓮辮紋有蓋盌
(청자음각연변문유개완)

호(壺)

배가 불룩하거나 아가리가 병보다 넓은 단지, 또는 항아리를 말한다. 뚜껑이 있는 유개호(有蓋壺), 죽은 사람을 화장하여 그 뼈 가루를 넣어 묻는 골호(骨壺), 큰 항아리를 뜻하는 대호(大壺) 등이 있다.

예 : 印花紋有蓋盒骨壺 (湖林도록), 白磁항아리 (李朝白磁)

印花紋有蓋盒骨壺(인화문유개합골호)

白磁(백자) 항아리

연(硯)

벼루. 먹 가는 그릇.

예 : 靑磁印花紋硯 (海剛도록)

靑磁印花紋硯(청자인화문연)

연적(硯滴)

벼루에 쓸 물을 담는 그릇.

예 : 白磁鐵畵두꺼비硯滴 (李朝白磁도록)

白磁鐵畵두꺼비硯滴(백자철화두꺼비연적)

주자(注子)

주전자 또는 물병.

예 : 靑磁爪形注子 (海剛도록)

靑磁爪形注子(청자조형주자)

필세(筆洗)

붓 씻는 그릇.

예 : 白磁花形筆洗 (이조백자 도록)

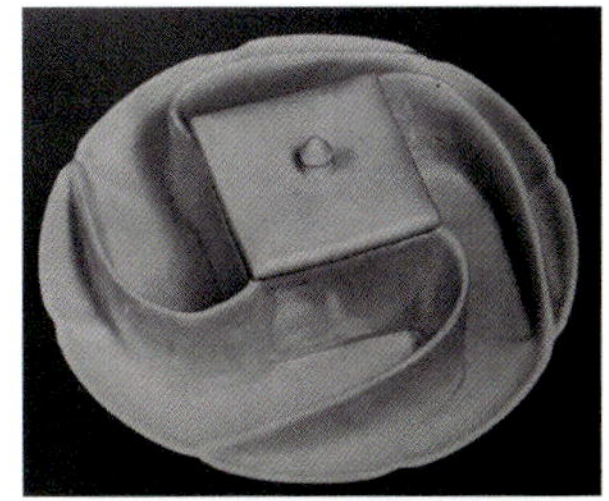
白磁花形筆洗(백자화형필세)

필통(筆筒)

붓 꽂는 그릇(통).

예 : 白磁透刻聯環紋筆筒 (이조백자 도록)

白磁透刻聯環紋筆筒
(백자투각연환문필통)

금란수(金蘭手)

금장식(金裝飾)이라고도 하며 수금(水金)이나 본금(本金)으로 선. 칠. 그림. 글씨 등을 아름답게 장식한 것이다.

금은 옛부터 부귀와 장수를 상징하며 값 또한 고가이다. 수금을 물금이라 불렀으나 그리 쓰이지 않는 듯하다.

기부시

목절점토(木節粘土)를 말한다.

탄층에서 산출되며 점토 안에 탄화된 나무 마디(목절)가 들어 있기 때문에 붙여진 이름이다. 내화도가 높고 가소성이 커서 내화 벽돌이나 도자기의 원료로 많이 쓰인다.

우리나라에서는 이 점토를 일본과 중국에서 수입하여 썼으며, 그래서 기부시는 목절점토(木節粘土)의 대명사처럼 오래도록 쓰여 왔던 용어이다.

길주요(吉州窯)

강서성(江西省) 길안시(吉安市) 영화진(永和鎭)에 위치 한 도요(陶窯)이다. 길안시(吉安市)가 옛날 길주(吉州)에 속하였기 때문에 길주요라는 명칭을 가지게 되었다. 또 가마가 영화진에 있었기 때문에 영화요(永和窯)라고도 한다.

당(唐) 말에 도자기를 제작하기 시작해서 남송대(南宋代)에 흥성했고 원(元)대에 쇠퇴하였다. 처음에는 자기 등을 구웠으나, 남송 시대 복건성 건요(建窯)에서 천목(天目) 만드는 기술을 도입하여 농갈색의 유약으로 구운 천목다완(天目茶碗) 등을 제작했다. 이것이 일본으로 다량 수출되어 일본에서 명품으로 인정받아 다완(茶碗) 명산지로 전승되고 있다.

나

나물(裸物)

석탄이나 장작을 연료로 쓰던 1970년 이전 소성 할 기물을 내화갑(耐火匣)에 넣어 구웠을 때 갑 뚜껑 위에 얹어 굽은 기물을 일본 용어로 하다가모노(裸物)라 하였다.

연료로 석탄이나 장작을 쓰던 때는 열충격으로 파열되기나 화염 안에 날라 들어가는 불순물로 변색하는 등의 결함이 생기지만 석유연료를 쓰고 70년도 부터 탄화규소질 내화판이 수입되고 80년도 들어 국산화되자 사야재임에서 붕판재임으로 바뀌었으며 붕판재임은 대부분이 나물 소성하였다.

남송관요(南宋官窯)

1117년 이후의 중국 남송(南宋)시대에 궁중에서 쓰는 도자기를 굽기 위해 수도 임안(臨安: 浙江省 抗州)에 설치한 관요이다.

처음에 환관 소성장(邵成章)이 봉황산(鳳凰山) 밑 수내사(修內司) 근처에 설치한 수내사요(修內司窯:內窯)와 뒤에 교단(郊壇) 좌·우에 설치한 교단요의 신구(新舊) 두 요(窯)가 있었다.

이 관요의 청자는 유품(遺品)이 아주 드물어 세계적으로 진품(珍品)으로 취급되며, 북송 남송시대를 통틀어 대표적인 청자로 꼽힌다.

납석(蠟石:Agalmatolite)

지방광택을 띠면서 치밀하게 집합된 연질의 덩어리 상태의 광물로, 화학식은 $Al_2O_3 \cdot 4SiO_2 \cdot H_2O$로 표시한다. 이것은 엷은 녹색, 황색, 갈색, 회색 등 여러 가지 색깔을 띠고 있으며, 주로 엽랍석(pyrophyllite)을 주성분으로 한 것을 보통 납석이라고 한다. 내화성 성분이 많고 강열감량이 적어 샤모트화 하지 않고 내화물로 많이 사용한다.

납유

<u>연유(鉛釉)</u>라고도 하며 산화납(PbO)을 매용 성분으로 한 유약을 말한다. 납은 인체에 해로우므로 생활 용기로는 부적합하나 옹기에는 광명단을 많이 쓰고 있으며, 도기에도 프릿화하여 허용 한도 안에서 사용되고 있다

내화갑(耐火匣)

가마 내부의 공간을 입체적으로 활용하기 위하여 내화물로 만든 작은 상자를 <u>내화갑</u> 또는 <u>사야</u>(sagger), <u>갑발(匣鉢)</u>이라고 한다. 내화갑에 성형한 기물을 넣어 포개어 가마 안에 적재한다.

원료로는 카올린 내화점토 납석을 조합하여 만들며, 샤못트화하여 쓰기 때문에 샤못트질 내화물이라고도 한다.

내화갑

내화도(耐火度)

불에 견디는 정도를 내화도라 하며, 제겔콘 번호 앞에 SK를 붙여 내화도를 표시한다, 예를 들면 SK10은 도자기 소성온도인 1300℃이다.

(p.54, 〈제겔추와 오톤추의 온도 비교표〉 참고)

내화성 성분

불에 견디는 성분을 내화성 성분이라 한다. 원료의 화학조성표를 보면 보통 SiO_2. Al_2O_3. CaO. MgO. Na_2O. K_2O의 성분 중량 %와 강열감량이 나타나 있는데, 이것으로 원료의 성질을 파악할 수 있다.

성분 중에서 SiO_2와 Al_2O_3는 내화성 성분이고, 알카리인 CaO. MgO.

Na$_2$O. K$_2$O는 용융성 성분이다. 내화성 성분을 다시 **강내화성 성분**(Al$_2$O$_3$)과 **약내화성 성분**(SiO$_2$)으로 나누며, **용융성 성분**도 **약용융성 성분**(CaO. MgO.)과 **강용융성 성분**(Na$_2$O. K$_2$O)으로 나눈다.

구분	내화성 성분		용융성 성분	
	강내화성 성분	약내화성 성분	강용융성 성분	약용융성 성분
성분	Al$_2$O$_3$	SiO$_2$	Na$_2$O, K$_2$O	CaO, MgO

내화판(耐火板)

소성할 때 기물을 얹기 위하여 만든 4각형의 판을 **내화판** 또는 **붕판(棚板)**이라 한다.

내화물로 카올린질 또는 납석질 원료를 사용한 샤못드질 내화재료는 내화도가 낮아 변형하므로 붕판으로는 부적합하였다.

1960년도 미국산 고압푸레스로 찍은 고알루미나질의 소형의 붕판을 볼 수 있었으나 우리나라에서는 실용화되지 못하였다가 70년도 들어 코오디어라이트 질 내화판이 수입되었고 80년도 들어 탄화규소(SiC)질 내화판이 일본에서 수입되다가 곧 국산화 되자 급속도로 사야에서 내화판의 시대로 전환하게 되었다.

내화판 지주-공굼대

내화판과 판 위에 얹힌 공급대

녹유(綠釉)

초록색을 내는 유약을 녹유라 하며 옛날 중국 한 나라 때 많이 사용된 유약으로, 연유에 산화구리를 넣고 산화불꽃으로 소성하여 초록색을 내었으나 지금은 산화크롬 등을 사용하여 발색시킨다.

연유는 독성으로 장식용에 많이 사용하였으며 지금은 식기류 자기에는 후자를 쓰며 도기에 소량 쓰는 경우도 프릿화하여 사용 한다.

뉴케슬 가마

영국의 횡염식 가마(옆불꽃식 가마)이다. 양쪽의 분구(焚口: 불아궁이)에서 들어간 불꽃이 길게 옆으로 갔다가 연도(燃道)로 나가게 만든 가마이다.

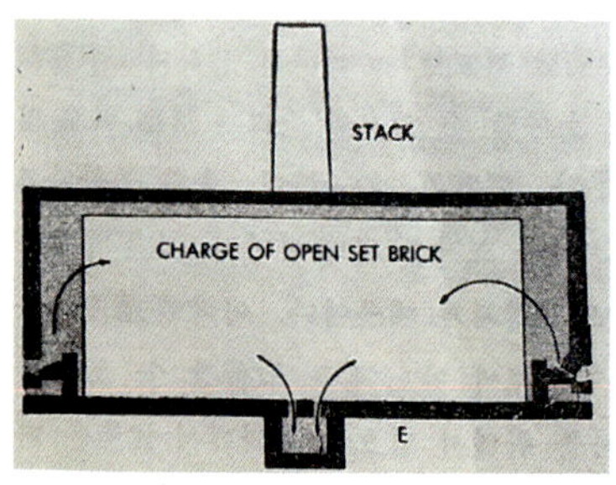

니딩머신(Kneading machine)

퍽밀(pug mill)이 나오기 전에 사용한 토련기이다.

원판 위를 회전하는 2개의 큰 수평 로울러 옆에 작은 수직 로울러 2개씩을 설치해두고, 수직과 수평으로 회전하는 로울러(roller) 사이에 필터 케이크를 넣어 넓혔다가 좁혔다가를 반복하면서 흙을 반죽하는 기계이다.

니장(泥漿)

볼밀 분쇄된 현탁액이나, 압려기에서 탈수된 필터 케이크를 물에 넣어 교반기에서 분산시킨 주입 성형용의 액상 소지를 니장(泥漿) 또는 슬립(slip)이라 한다.

볼밀 분쇄되어 나온 현탁액은 탈수가 잘되게 응교제를 넣으며, 주입용 슬립에는 물을 적게 함유하면서도 점도를 낮게 하기 위해서 해교제를 넣는다.

다

다듬기

일본 말로 시아게(仕上), 또는 끝손질이라고도 한다.

다듬질하는 방법에는 칼다듬질, 사포다듬질, 물다듬질이 있다.

칼다듬질 도구는 나무로 만든 예새와 쇠로 만든 가리새가 있는데, 예새는 문방구에서 파는 조각용보다는 재질이 여문 대나무로 만들어 쓰는 것이 좋다. 쇠칼(가리새)로는 띠철(포장용 강철)을 끊어 용도에 따라 여러 가지 모양으로 굽혀서 자작하여 물레성형의 굽깍기나 다듬질에 쓴다. 쇠톱날 부러진 것을 갈아 만든 칼도 재질이 여물고 절단 등에도 편리하여 많이 쓰인다.

사포다듬질에는 금강사나 모래등을 천이나 종이에 접착재로 붙인 것이 있으며, 초보자나 도예인에게는 많이 쓰이지만 공업적으로는 많이 쓰이지 않는다.

물다듬질에는 천이나 고무띠, 가죽, 스폰지 등을 쓰며, 일반적으로 반건되었을 때 하는 것이 많으며 건조상태에 하는 경우도 있다.

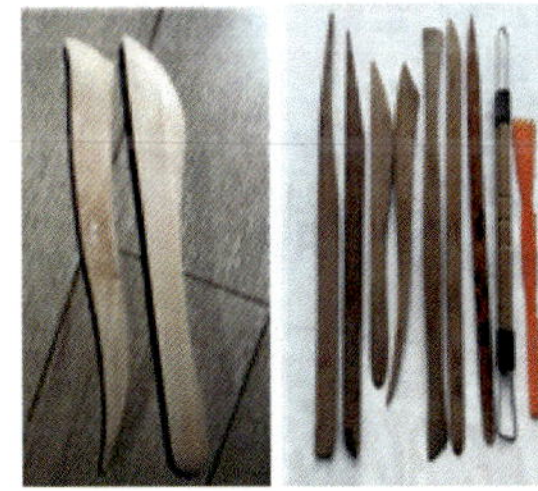
예새

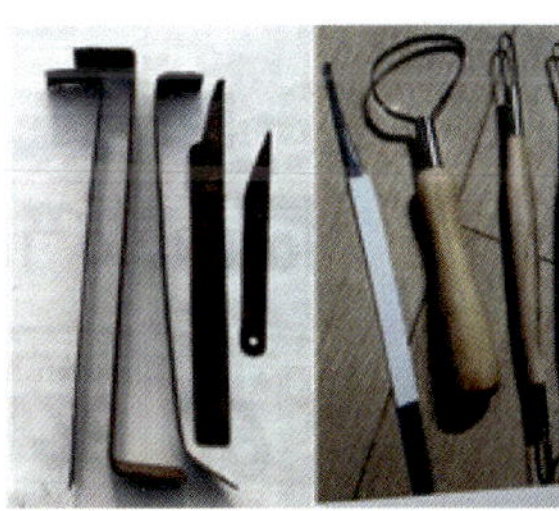
가리새

기타

가리새

도자기를 만들 때, 마른 그릇의 표면을 긁어서 모양을 내는 데 쓰는 끝이 고부라진 쇠 도구.

예새

도자기를 만들 때, 물레를 돌리면서 도자기의 표면을 매끈하게 다듬는데 쓰는 나무칼.

단(單)가마

소성실이 한 개인 가마를 단가마 또는 단독요(單獨窯)라 한다. 보통은 4각형이지만 둥근 가마도 있다. 가마재임 한 뒤에 소성하고 식힌 후에 요출하고 다시 가마재임 하므로 작업이 단속적이고 열의 손실이 많다.

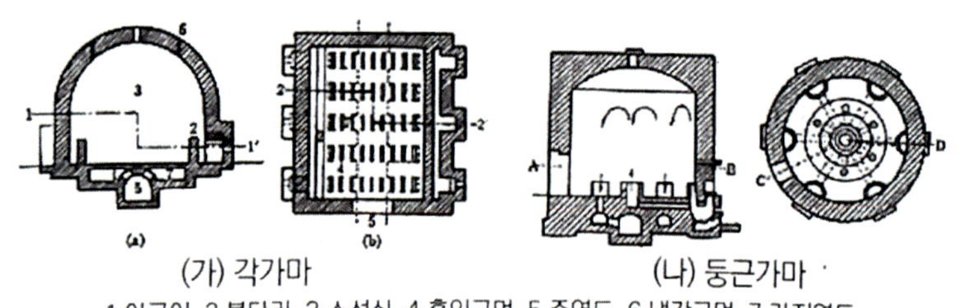

1.아궁이 2.불다리 3.소성실 4.흡입구멍 5.주연도 6.냉각구멍 7.가지연도

단미소지(單味素地)

단미(單味)는 한가지 원료라는 뜻이며, 단미소지는 도석처럼 내화성성분인 SiO_2 Al_2O_3와 용융성성분의 알카리인 Na_2O K_2O CaO MgO가 알맞게 함유하고 점성이 있어 한가지 원료만으로도 도자기를 만들 수 있는 원료를 말한다.

단소성(單燒成)

참구이(본소) 한 번으로 소성을 완료하는 경우를 단소성이라 한다. 일반적으로 초벌구이 한 다음 참구이 하는 것으로 알고 있는데 연료비를 줄이기 위하여 본소 한번으로 소성을 끝내는 소성 방법을 말한다.

초벌구이한 후 참구이 하는 복소성은 연료비가 많이 들어가는 대신 제품의 질이 좋다. 즉 '우리 회사는 복소성을 한다' 하는 것은 제품의 질이 좋다는 뜻을 내포하고 있다.

담구어바르기

기물을 유약 슬립 안에 담구어 시유하는 방법
을 말하며 침괘 또는 침괘법(沈掛法)이라고도 한
다. 공장에서는 자동시유기로 유약을 바르며 식
기류나 화병 등의 시유에 이용된다.

당량(當量)

보통 당량이라 하면 화학당량을 말하며 물질의 원자량 또는 분자량이
나 어떤 물질과 대등하게 화합하는 다른 원소나 분자의 물질량을 말한다.
도자기 계산에서는 분자량이 쓰인다.

대한도기(大韓陶器)

일제 때 부산영도에 카올린의 명산지 하동 가까운 곳에, 연료 문제 어려
울 때 최남단 따뜻한 곳, 도자기 전통을 가진 우리나라에 동양 최대의 수
출기지를 꿈꾸며 1917년 일본경질도기(굳힘구이 다음 유약구이하는 새로
운도기제조법)의 분 공장인 조선 경질도기가 세워졌다. 당시 부지 25000
평에 건평 6000평의 엄청난 규모였다.

광복되자 대한경질도자기 주식회사로 이름을 바꾸고 1950년 국회위원
지영진 사장이 대한도기주식회사로 개칭하게 되었다.

특히 6.25 전쟁을 거치면서 많은 유명화가(변관식. 김은호. 장우성 이
중섭 황영수 김학수 등)들이 그림을 그린 것으로도 유명하다. 전성기에는
직원 수가 11,000명이 넘을 정도였으니, 이 회사가 부산을 먹여 살린다는
말까지 나왔다 한다. 우리나라 최초로 독일 하로프식 터널가마를 수입하
여 온갖 고생을 하며 씨름하다가 넘어지고, 최유상 사장이 인수하자 곧 가
마가 정상화하니 모두 들 최 사장의 복이라 하였다.

그때 부산시에서는 VIP 시찰 코스 5개 중 기업체로서 제일 큰 대한도기가 선정되었으며. 기술자 양성 등 요업센터의 역할을 하던 대한도기가 1970년도에 문을 닫았다. 1964년 3학년 학생 9명을 현장실습 보내 놓고 점심값 받게 하였다고 유급 실습이라 좋아했던 어려운 시절이 생각난다.

도기(陶器)

덜 굽힌 상태의 도자기 즉 다공질인 상태를 도기라 하며, ASTM에서는 기공률을 20% 이하를 도기로 규정하고 있으나 소지 표면을 완전히 유리질로 피복 하였으므로 통수. 통풍이 안 되며, 옛날 도자기는 자기 참구이 소성에서 미숙한 상태의 것이 도기이므로 통수하는 결함이 있고 잔금이 생기는 경우가 많다.

자기에 비교 하여 강도가 약하고, 불 투광성이고, 때리면 탁음을 낸다. 하지만 보통 사람은 자기와 구별하기 쉽지 않다.

지금은 굳힘구이 한 다음 유약구이를 하는 재벌구이를 하므로 물이 새지 않으며 바늘구멍(핀홀)만 있어도 불량 처리된다.

도석(陶石)

장석질암석이 카올린화(자토화)하는 중간단계의 암석을 도석이라 한다. 광물학적으로 보면 석영을 주로하고 견운모와 카올린 또는 장석을 수반하고 있는 백색의 치밀한 암석이며, 자토화의 정도에 따라 알카리의 함유량이 다르므로 특성이 다양하다.

한 가지 원료(단미)로 제토. 성형한 후 소성하여도 자화가 되어도자기를 만들 수 있으므로 도석이라 불렀고 그래서 천연의 도자기용 조합석이라 한다. 도석의 주성분은 석영이고 여기에 융제 역할을 하는 장석과 융제 역할을 하면서도 가소성이 큰 견운모가 들어있기 때문이다.

도염식가마(倒炎式窯)

불꽃의 이동 방향이 아궁이에서 천장으로 올라갔다가 아래로 꺽여 내려와서 바닥의 흡입구멍, 연도, 굴뚝으로 나가는 형식의 가마이며, **꺽임불꽃식 가마**라고도 한다.

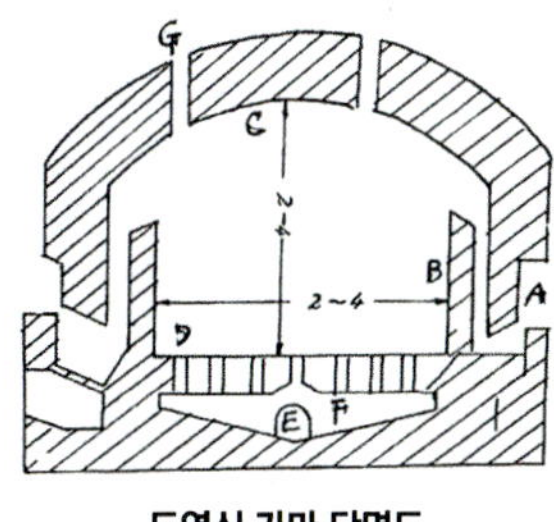

도염식 가마 단면도

도자(陶磁)

도(陶)는 '질그릇 도'이고, 자(磁)는 '사기그릇 자'로 사전에 기록되어 있다. 즉 질그릇은 도기고 사기그릇은 자기이니 자기와 도기를 한꺼번에 이르는 말이다.

도자기(陶磁器)

옛날 도자기가마는 균일소성이 되지 않아 같은 소지로 만들어 동시에 구워져 나온 제품 중에 잘 구힌 것은 자기이고, 덜 구힌 것은 도기이다. 중국이나 우리나라 도록을 보아도 도기질의 사진이 많다. 그러므로 자기와 도기를 구분하기 어려우니 한꺼번에 도자기라 불렀다. 그러나 지금은 우리나라도 서양처럼 자기와 도기를 구분하여 이야기해야 한다. 서양에서는 자기(porcelain)와 도기(pottery)를 구분하지만 차이나(china)라는 말은 동양의 도자기라는 말이다. 지금은 조합 소지의 시대이므로 카올린, 고령토, 백토, 자토, 도토가 도자기를 만드는 흙이라는 동의어로 보아도 좋을 것이다.

도자기 원료(陶磁器原料)

옛날에는 주변에서 쉽게 구할 수 있는 점토 한 가지 원료로 토기를 만들었으나, 지금은 도자기 원료로 가장 많이 쓰이는 원료는 고령토이고 여기에 성형성을 좋게 점토를 넣어 가소성을 가지게 하고, 매용제 인 장석을 넣어 1.300℃ 온도에서 녹아 자화(磁化)가 되게 조합하여 사용하고 있다. 도자기 원료를 가소성원료, 비가소성원료, 매용원료로 분류한다.

〈도자기 중요 원료의 성분 비교표〉

성 분	SiO_2	Al_2O_3	Fe_2O_3	CaO	MgO	K_2O	Na_2O	강열 감량	내화도 SK
경남산청	45	40.05	0.77	흔적	0.21	-	-	12.63	
목절점토	51.8	33.05	1.47	0.26	0.11	0.45		12.08	
경주도석	76.82	13.65	0.31	0.19	0.52	-	-	1.24	16
서산규석	97.39	1.15	0.19	0.52	0.12	-	-	-	
안양장석	69.96	17.64	0.51	0.9	0.16	1.89	10.33	1.37	7

가소성원료(可塑性原料)

가소성 원료에는 점토가 쓰이는데, 이것은 성형하기 좋게 점성(가소성)과 건조강도. 소성강도 등 꼭 필요한 원료이지만 불순물과 철분 함량이 많아 황갈색을 띠게 하고. 수축이 많아 변형 파열하는 등의 결함이 있다.

우리나라에는 양질의 점토가 산출되지 않으므로 고급제품에는 일본이나 중국 등지에서 수입하여 사용하고 있다.

비가소성원료(非可塑性原料)

점성이 너무 커서 점성을 줄이기 위하여 넣는 원료를 비가소성원료 또는 제점제(除粘劑)라 한다. 옹기는 가까운 곳에서 산출되는 적갈색의 철분이 많이 들어 있는 점토 한 가지만으로 만드는데, 어떤 옹기공장에 가니 두 가지 원료를 섞어 쓰기 때문에 물으니, 너무 차지기 때문에 매질을 섞어 쓴다는 것이다. 이처럼 점성이 지나칠 때는 건조 중에 수축이 많아 변형 내지 파열하거나 유약이 잘 묻지 않으므로 비가소성 물질인 제점제를 섞어서 사용하여야 한다. 장석이나 카올린도 비가소성이나 이들은 사용목적이 다르므로 일반적으로 규석을 말하는데 이것은 제점제의 역할을 할뿐 아니라 기계적 강도와 투광성을 좋게 하기 때문이다.

도르(dorr)식 디크너(dikner)

도자기 원료의 슬립 안에 있는 굵은 알갱이를 분리하는 물가림 장치이다. 물에 빨리 가라앉는 굵은 알갱이는 회전체에 달린 긁개로 가운데로 끌어모아 제거하고, 위에 뜬 미립의 슬립은 압려기로 보내어 탈수한 후 반죽하여 성형에 사용한다.

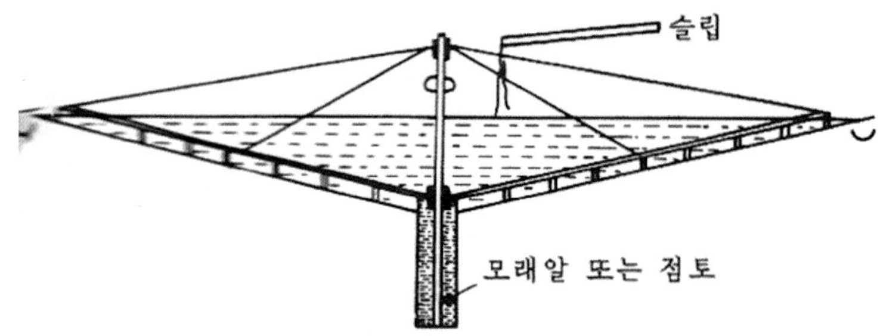

도자기 전쟁(陶磁器戰爭)

독일 마이센의 제도(製陶) 기술이 불란서의 세이블로 넘어간 것으로 유럽에서는 7년전쟁을 도자기전쟁이라 하는데, 이를 인용하여 일본 역사에서는 흔히 임진란(壬辰亂)을 '도자기전쟁'이라 말한다. 도공만이 아니라 금공(金工), 석공(石工), 목공(木工) 등 세공품을 만들 수 있는 장인은 물론 선진문물의 약탈을 위한 전쟁이었다.

도침(陶枕)

도자기로 만든 베개를 도침이라 하지만 도자기 소성할 때 기물 밑에 놓는 받침도 도침이라 한다.

옛날 갑재임 할 때는 돗찡이라는 용어를 썼으나 지금은 거의 쓰지 않는다. 그러나 도예에서 앉음이 불안할 때는 필요함을 느낄 때가 많다. 지금은 스틸트라하여 가마도구로 도기 제조에 많이 쓰이고 있다.

다

도토(陶土)

도석이 풍화된 흙으로 단미로 도자기 만드는데 알맞은 흙을 도토라 한다. 즉 장석 규석 카올린이 알맞게 혼합되어 있고 가소성이 좋아 자연이 조합한 소지토라 할 수 있다. 자토화의 정도에 따라 알카리량의 변회기 많기 때문에 고려하여 사용해야한다.

도기 만드는 흙이라는 뜻이기도 하지만 옛날에는 도기와 자기의 소지 구분이 없었으므로 자토와 다를 바가 없다.

동질다상(同質多像)

카올린질 광물에서 보듯 화학식은 $Al_2O_3 \cdot 2SiO_2 \cdot 2H_2O$이나 카올리나이트(kaolinite)는 판상결정이고 할로이사이트(halloysite)는 침상인 것처럼 화학식은 같으나 성상이 다른 물질을 동질다상 또는 이성체라고도 한다.

등압가압성형(等壓加壓成型)

가압성형으로 만들어진 기물을 유연성이 좋은 주머니 속에 넣고, 다시 이것을 액체 용매 속에서 가압하여 균질한 성형체를 얻는 방법을 등압성형 또는 러버프레스(rubber press) 성형이라고도 한다.

이 방법은 모양아 복잡한 기물일지라도 기물의 모든 부위가 거의 균일한 밀도를 가지게하여 결함을 줄이는 장점은 있으나, 기물의 바깥 면이 정확하지 못한 단점도 있다.

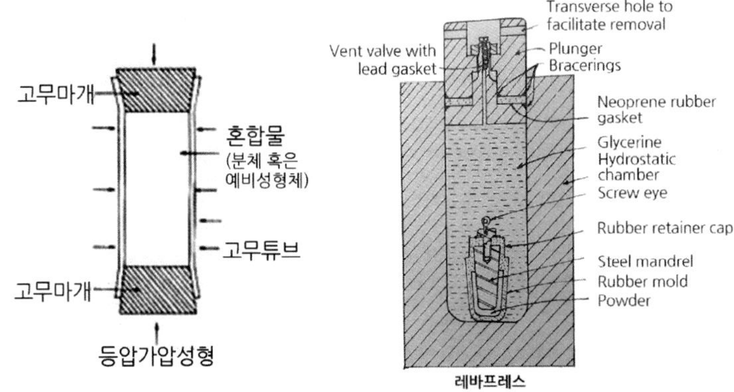

등요(䆴窯, 오름가마)

5~6개의 소성실을 경사지에 설치하여 통풍이 잘되게 하고 앞의 소성실의 폐가스 는 다음 실의 예열에 이용하고, 소성된 실의 열은 공기 예열로 회수하여 이용하면서 다음 연소실로 이동해 가는 반연속식의 가마이다.

교과서에 우리나라 이름으로 오름가마라 되어 있으나 도자기 교과서를 본 사람은 몇이나 될까? 오름불꽃가마와 혼동되며 모르는 사람이 많다.

일본기록에 등요를 4가지로(경요계, 고요계, 익자요계 등) 분류하고 있으며 제품의 크기에 따라 가마의 모양과 크기가 다르며 일본의 칼라북에서 동양풍의 사상요(斜上窯)라는 표현으로 보아 중국 우리나라 일본이 공통으로 많이 쓰였던 가마임을 짐작할 수 있다.

지금도 옹기 소성에 많이 쓰이고 있으며, 연료로는 장작을 많이 쓴다.

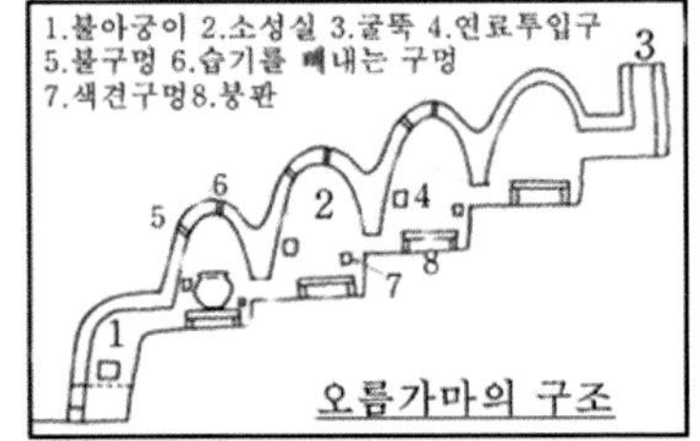

라

라스터(luster)

금속의 수지산염을 만든 다음 터어펜틴과 같은 전색제와 혼합하여 만든 윗그림용의 채색제이다.

흑색의 점조성 액체를 벤젠으로 희석하여 제품 전체 또는 부분적으로 칠 한 다음 산화불꽃으로 800℃ 정도에서 소성하면 진주광택을 낸다.

유색 라스터에는 청, 적, 황 등의 여러 가지 색이 있으며, 철, 구리, 망간, 코발트, 카드뮴, 우라늄, 금, 백금 등을 쓰며, 무색 라스터에는 알루미늄, 아연, 납, 주석, 비스무드, 티탄 등을 쓴다.

락소(樂燒)

도자기 소지로 기물을 만든 다음 유약을 바르고, 850℃ 정도의 낮은 온도에서 소성하는 제품을 일본 말로 라꾸야끼라 한다.

옛날 중국에서 납유를 써서 만들어 저화도로 구운 녹유나 삼채도 이 보다 소성온도가 높다. 근세에 들어 유약에 유리질을 많이 사용하여 일본 사람들이 아마츄어 초보자들의 취미 활동으로 하던 것이다.

우리나라에도 오래 전부터 시작하였으나 최근 자화 온도를 낮추기 위하여 소지에도 융제로 유리 즉 프릿트를 넣고 있다. 낮은 온도에서 녹는 유약에는 산화납을 많이 사용하기 때문에 독성이 있고, 소성온도가 낮아 제품의 강도가 약하여 실용성이 없으므로 장식용 치물(置物)이나 테라코타 등을 소성한다.

련토(練土, 연토)

반죽된 소지토를 련토라 한다. 옛날에는 발로 밟아 흙을 이겼지만 중년에는 니딩머신을 썼으며 지금은 진공토련기에서 흙을 반죽하여 사용한다.

리사지(litharge)

밀타승(密陀僧)이라고도 하며, 분자식이 PbO(lead monoxide)이고 비중이 9.3~9.5, 용융점이 888℃이며, 황색 산화납(yellow litharge)이라고도 하는 황색 분말이다. 산화납은 환원성이 매우 강하므로, 리사지는 소성 시 산화분위기가 아니면 금속 납으로 환원되기 쉽다.

마

마그네시아(magnesia)

MgO 성분의 원료를 말하며, 바닷물의 탄산마그네슘($MgCO_3$)에서 뽑아 낸 해수마그네시아를 사용한다. 그 밖에 공급원으로는 마그네사이트, 백운석, 활석 등이 있다.

마그네사이트(magnesite)

마그네사이트($MgCO_3$)는 결정질이 거친 것과 치밀한 덩어리 상태의 것이 있으며, 색상은 백색, 황색, 회색, 또는 갈색이고, 비중은 3.0~3.12, 경도는 3.5~4.5이다.

마그네사이트를 도자기 소지의 원료로 첨가하면 강력한 매용제로서 작용하며, 소성온도를 낮추고 소지의 투광성을 높이는 등의 장점이 있으나, 소성수축이 커지고 변형하기 쉬운 결점이 있다. 남한에는 산출되지 않으므로 돌로마이트와 바닷물 마그네시아를 활용한다.

마그네시아 자기

MgO를 주성분으로 하는 자기로 용융온도가 높고 염기성 슬래그에 대한 저항성이 우수하여 금속이나 염기성 용제를 녹이는 도가니나 실험 용기로 사용된다. 또한 투명하게 소결된 것은 적외선 투광 창으로도 쓰인다.

순수한 것은 1900~1950℃에서 소성을 해야만 이론 밀도에 가까운 소체를 얻을 수 있다.

마르코폴로(Marco Polo)

마르코폴로(1254년경~1324년)는 이탈리아인 베네치아의 상인으로 동방여행을 떠나 중국 각지를 여행하고

원나라에서 관직에 올라 17년을 살았다. 1292년에 고향으로 돌아가서 동양견문록을 써서 중국의 도자기를 서양에 알린 사람이다.

마이센(meissn) 자기

유럽 최초의 자기(磁器)인 마이센은 18세기 초(1710년) 독일에서 시작되었으며, 2대 베토가는 화학자이며 연금술사로 중국자기를 모방하고 붉은 도자기 만들기 등 손꼽히는 명공이며, 1719년 헤롤드가 계승하여 엄중 기밀 유지하고, 명공 겐도라에 의해서 새로운 디자인의 유럽식 자기발달에 기여하게 되었다

마이센의 50년(1756년) 후 개요 한 불란서의 세이브르 제도소는 국왕의 별장이 있을 정도로 왕의 관심이 컸다, 마이센의 엄중 기밀 유지도, 7년 전쟁에서 불란서가 이기자, 제도 기술은 몽땅 불란서 세이브르로 옮겨졌고, 이어 유럽 전역으로 전파되었다.

마조리카 도기

지중해에 있는 스페인의 섬으로 도기 제조로 이름난 곳이다, 이태리 무라노의 유리제조 기술의 영향을 받아 도기에 석백유를 발라 유색 도기 바탕을 백색의 자기처럼 보이게 하고 여기에 그림을 그려놓은 동양 자기의 모조품으로 유명하다.

만두형 가마

화북의 대표적인 자주요(磁州窯)의 가마 형식인데, 옆불꽃가마라 하나, 연소가스가 가마 바닥으로 내려가서 굴뚝으로 나가게 되어 있으니 도염식을 겸한 듯하다.

망목구조

유리는 모래가 주원료이다. 주원료인 모래의 주성분이 SiO_2이고, SiO_2의 구조가 그물모양으로 단단한 물질을 이루고 있다.

여기에 알카리를 넣어 잘 녹게 한 것이 유리이다. 즉 유리 성분의 주체인 그물을 이루는 망목형성이온과 잘 녹게 넣는 망목수식이온으로 나눈다.

유리와 유약의 차이는 유약에는 Al_2O_3가 많이 들어있는 유리이다. 유리보다 Al_2O_3가 많이 들어있으므로 내구성이 크며, 유리에도 Al_2O_3가 22~25% 들어 있는 알루미나 규산염 유리가 있다.

아래 그림은 SiO_2 망목 구조의 2차원적구조로 그림에서 왼쪽 (a)는 수정이며, (b)는 규석의 구조이고, 오른쪽 그림은 알카리를 잘 녹게 유약 속에 넣으면 망목구조가 파괴되고 그사이에 Na 이온이 들어가서 유리를 약화시키는 것을 보여주는 그림이다.

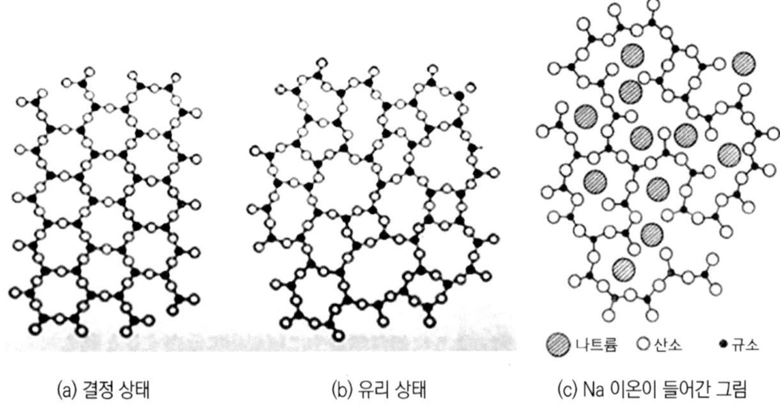

(a) 결정 상태	(b) 유리 상태	(c) Na 이온이 들어간 그림

망목형성이온

단독 또는 다른 산화물과 함께 유리를 형성할 수 있는 산화물을 유리 형성산화물이라 한다. 유리 형성산화물에는 SiO_2, B_2O_3, P_2O_5, As_2O_3, Sb_2O_3, GeO_2 등이 있다.

망목수식이온

Na_2O, K_2O, CaO, MgO, BaO와 같이 단독으로는 유리를 형성하지 못하나 어느 범위 안의 혼합비에서는 망목형성산화물과 함께 용융하면 망목구조의 공간에 끼어들어 유리를 이루고, 그 유리에 적당한 성질을 줄 수 있는 산화물을 망목수식산화물이라 한다.

매용원료

자화(磁化) 온도를 낮게 하는 원료를 매용원료라 한다. 장석, 석회석, 활석 등과 같이 알카리와 알카리토류 등 용융성 성분이 많이 들어 있는 원료면 모두 매용원료가 될 수 있다.

도자기에 가장 많이 사용되는 원료는 고령토이다. 고령토는 화학식이 $Al_2O_3 \cdot 2SiO_2 \cdot 2H_2O$로 불순물이 적고 알카리 성분이 아주 적으므로 내화도가 SK 33 이상으로 매우 높다. 그러므로 알카리의 함량이 많아 용융온도가 낮은 장석($K_2O \cdot Al_2O_3 \cdot 6SiO_2$)을 넣어야 1.300℃의 온도에서 녹일 수 있다.

매용제(煤熔劑)

도자기 원료에 사용하는 장석으로는 1,300℃이하 낮은 온도에서 녹는 유약을 얻기가 어려우므로 보다 낮은 온도에서 녹는 유약을 얻으려면 붕사나 산화납, 알카리, 탄산염 등을 써야 한다. 이와 같은 약품을 매용제라 한다.

매트유(matt 釉)

광택이 없는 유약을 매트유라 하며, 무광유(無光釉), 염소유(艶消釉)라고도 한다.

머플가마(muffle kiln)

불꽃이 직접 제품에 닿지 않게 내화물로 상자형
으로 막아 내화갑과 같은 역할을 하게 만든 간접
화염식 가마이다.

상부가 개방되어 있는 형을 반머플가마라 한다.

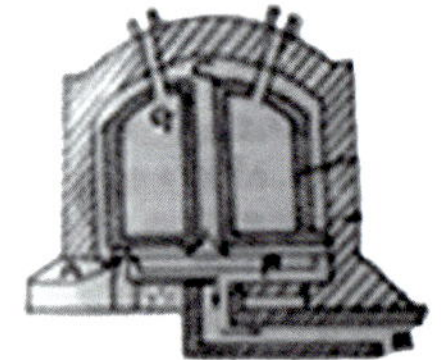

멀라이트(mullite)

소성할 때 카올린($Al_2O_3 \cdot 2SiO_2 \cdot 2H_2O$)이 열융합 작용을 받아 자기에 많
이 형성되는, 화학조성이 $3Al_2O_3 \cdot 2SiO_2$의 단단한 침상 결정을 말한다.

멀라이트 자기

멀라이트가 주성분인 자기를 말하며 멀라이트의 이론조성은 $3Al_2O_3 \cdot$
$2SiO_2$이지만 실제로는 몰비가 3:2에서 2:1까지를 멀라이트자기라 한다.

순수한 멀라이트자기의 소성온도는 1.700~1.750℃이며 치밀하고 상
온과 고온에서 강도가 크고 열 충격성이 좋아 열전대 보호관이나 실험실
용 기물로 사용된다.

목절점토(木節粘土)

화학조성은 $Al_2O_3 \cdot 2SiO_2 \cdot 2H_2O$이고, 장석질 암석이 풍화 카올린화 된
흙이 수류에 의해서 떠내려가서 모인 흙이다.

이를 퇴적점토(堆積粘土)라 하는데 탄층에서 많이 산출되며 불순물이 많
아 색이 검은색으로 짙고 나무 절이 섞여 있다. 하여 붙여진 이름이다. 영
국의 볼글레이나 일본의 기부시가 유명하다.

물금(水金, 수금)

금을 왕수에 녹인 염에 유화 바루삼이나 와니스에 섞어 만든 흑갈색의 점조 한 액체를 물금 또는 수금(水金)이라 한다. 수금(水金)을 벤젠에 희석하여 자기표면에 붓으로 장식한 후 700~850℃ 정도에서 소성하면 금은 환원되어 금속상태의 황금색을 낸다.

물레성형

회전체 위에서 연토(練土)를 돌려 도자기를 만드는 장치를 물레, 도차(陶車) 또는 녹로(轆轤)라 하고, 물레를 사용하여 도자기를 만드는 방법을 물레성형 또는 녹로성형(轆轤成形)이라 한다.

물레의 종류에는 손물레, 발물레, 기계물레, 전기물레가 있으며, 또 공업용의 기계물레는 반자동물레성형기에서 자동물레성형기로 발전하였다.

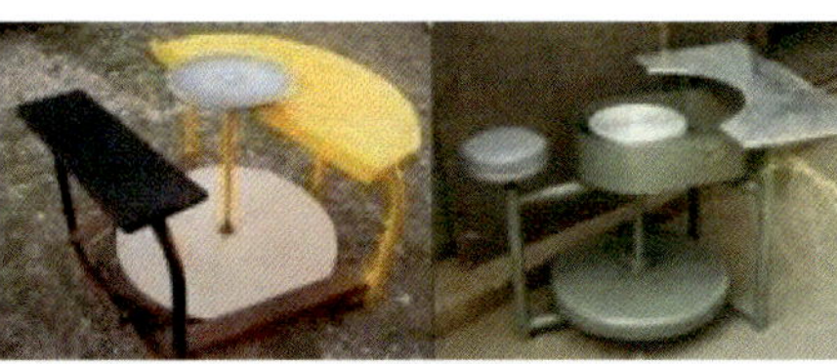

| 손물레 | 재래식 발물레 | 현대식 발물레 |

동력을 이용한 장치로는 다음과 같은 것들이 있다.

| 전기물레 | 기계물레 | 반자동물레성형기 | 자동물레성형기 |

전기물레

전기물레는 손으로 뽑아 올려 성형하는데 쓰이고 있으며, 아래 그림은 성형에 필요한 도구와 성형의 간단한 예이다.

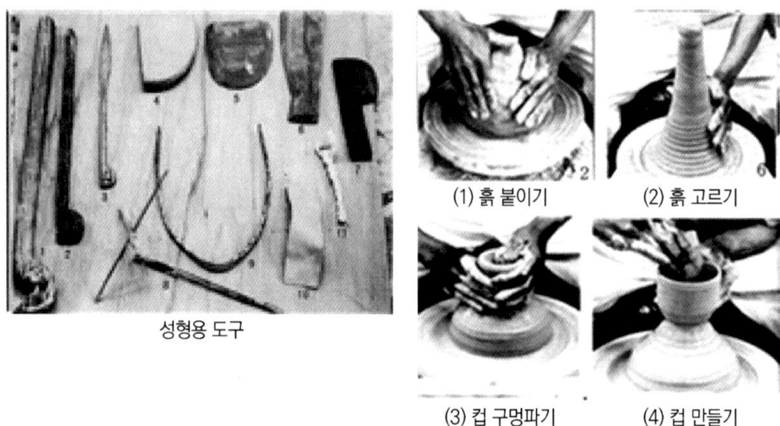

성형용 도구

(1) 흙 붙이기 (2) 흙 고르기

(3) 컵 구멍파기 (4) 컵 만들기

기계(機械) 물레

전기물레와 같이 전동에 의해 회전판을 돌리자만 석고틀을 사용하고 그 위에 헤라(성형칼)가 달린 지거를 눌러 성형한다.

그림에서 밑의 회전판에 끼워진 석고틀 위에 원형으로 절단된 련토를 얹고 그위에서 성형칼(헤라)로 눌러 깍아 성형한다.

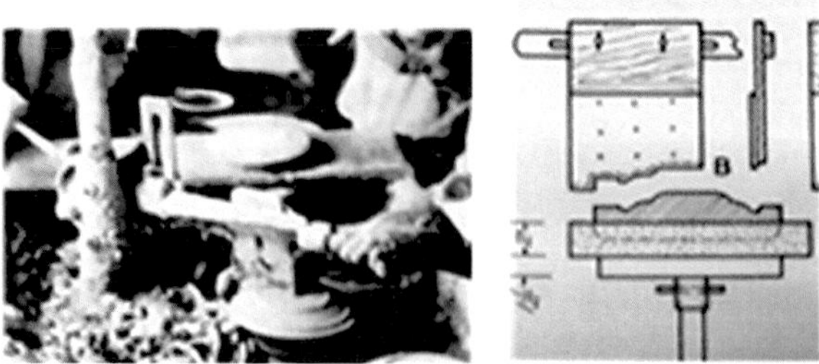

지거(Jigger)와 헤라(성형칼)

지거는 기계물레의 회전판 위에 성형칼(위 그림 참조)이 부착된 손잡이를

말한다. 성형할 때는 손잡이를 눌러 성형하고 놓으면 손잡이 반대편에 부
착된 쇠 뭉치의 무게로 손잡이가 눈 높이로 올라간다.

자동물레

접시 크기에 맞는 굵기의 진공토련기에서 나온 련토는 일정 두께로 절
단된 후 성형기위에 얹혀지면 자동으로 성형되는 기계를 말한다.

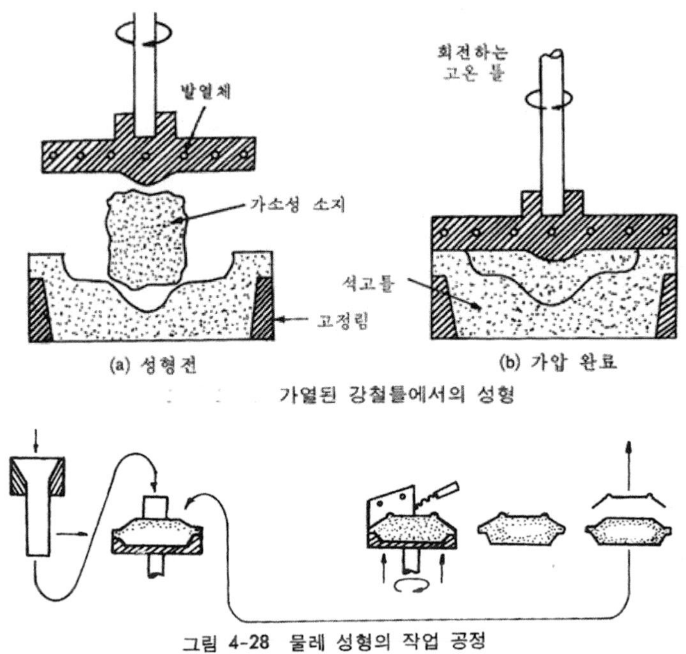

그림 4-28 물레 성형의 작업 공정

미분쇄기(微粉碎機)

중간 분쇄기로 분쇄한 원료를 200메시 정도의 아주 작은 분말로 분쇄
하는 장치로서, 볼밀(ball mill)과 코니컬 볼밀(conical ball mill)이 널리
쓰인다.

바

바늘구멍

도기에 아주 작은 구멍이 유약 면에 생긴 현상으로 이 구멍으로 물이 들어가면 경년변화로 수화 팽창하여 쉽게 잔금이 생겨 못쓰게 된다. 이를 바늘구멍 또는 소침공(小針孔), 핀홀(pine hole)이라고도 한다.

해방 직후 대한도기에서 양식기를 대만으로 수출하였다가 핀홀로 모두 반품된 이야기도 있다.

박락(剝落)

기물 모서리의 유약이 튀어 벗겨지는 결점이다.

유약보다 소지의 팽창계수가 클 때 생기며 법낭에 많이 생기는 현상이다.

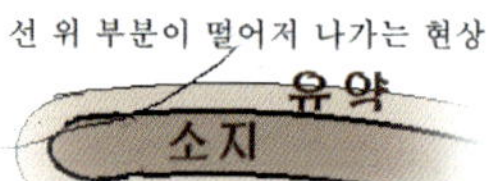

박열(剝裂)

눈에 보이지 않는 금이 한 줄로 깨어져 있는 현상을 말한다.

접시의 경우는 여러 장을 포개어 양손으로 마주 잡고 나무 작업대에 몇 번 때려 충격을 주면 완전히 깨어진다. 이를 바로 세워 깨어진 접시는 가려내며, 위생도기의 경우는 나무망치로 때려보면 털털하면서 깨어진 소리가 난다.

소지의 열팽창계수가 유약 보다 클 때 생긴다.

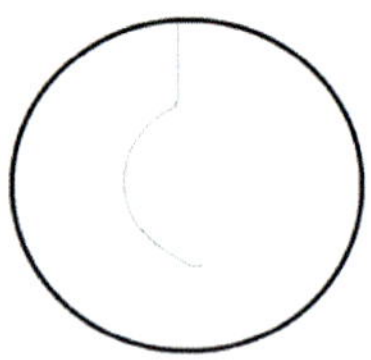

반도체

상온에서 전기를 잘 통하는 금속의 전기 전도율과 잘 통하지 않는 절연체의 전기 전도율과의 중간물질을 반도체라 한다. 일반적으로 반도체는 상온에서 비저항이 0.1~109 Ω·cm 정도이다. 그러나 전자의 운동에 따라 전기 전도성을 가지게 되는 고체 중에서 절대영도에서는 전도성을 나타내지 않으나 온도가 올라감에 따라 내부의 전도 전자가 열을 발생하기 때문에 상당량의 전도성을 나타낸다.

반점(斑點)

도자기에 생기는 결점으로 기물 면에 검은 점이나 채색료가 튀어 들어가서 생기는 이색의 점을 반점 또는 **얼룩**이라 한다.

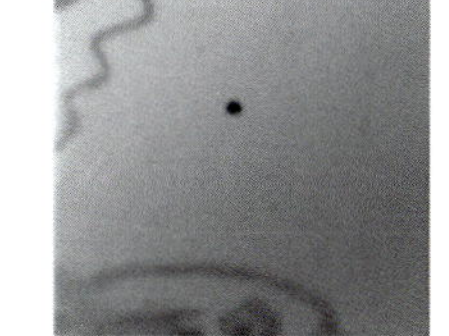

검은점은 철분에 의한 착색이므로 철분이라 한다.

반자기

자기보다는 유리질의 양이 적고, 도기보다는 단단하게 구워진 요업 제품으로서, 자기와 도기의 중간 성질을 가지고 있다. 흡수율(吸收率)은 0.5~10%로서, 얇은 제품은 약간 투광성이 있으며 두드리면 어느 정도 맑은 소리가 난다.

소지의 조성은 경질 도기와 비슷하나 소성 방법이 경질 도기와는 다르며, 1,250℃ 정도에서 산화불꽃 분위기에서 소성하여 만든다. 보통 식기 위생도기 등에 사용된다.

유약으로는 주로 아연유가 쓰이고 있으며, 때로는 용융 온도를 낮게 하기 위하여 산화납을 5~10% 넣는 수도 있다. 또, 아연유로는 발색이 곤란한 노란색 등의 밑그림(下繪) 채색제를 쓸 때에는 생납유나 프릿유가 쓰인다.

발열체

어떤 물질에 전기를 넣었을 때 고열을 발생하는 물질을 발열체라하며, 도자기 소성용의 전기가마에 사용하는 발열체에는 다음과 같은 것이 있다.

〈발열체의 종류〉

종류	안전 사용 온도	주성분
SiC 발열체	1,500℃ 이하	SiC
$MoSi_2$-SiC 발열체	1,700℃ 이하	$MoSi_2$: 30, SiC: 70
$MoSi_2$ 발열체	1,600℃ 이하	$MoSi_2$
니크롬선(제1종)	1,100℃ 이하	Ni: 75~79, Cr: 17~21

배리스터(varistor)

인가전압이 어떤 특정 값에 도달하기 전에는 절연체로 존재하다가 항복전압에 이르면 갑자기 도체로 변화하는 물질이다.

각종 과도 이상 전압으로부터 전자기기의 반도체 소자나 회로 시스템을 보호하는 서지 흡수 소자 등 광범위하게 응용되고 있다.

백옥(白玉)

낮은 온도에서 녹는 융제인 저융점의 유리를 백옥 또는 프릿(frit)이라 한다. 저융점의 유약을 만들자면 알카리나 붕사와 납을 사용해야 하는데, 이들 원료의 대부분이 물에 녹거나 산화납은 불용성이기는 하나, 독성이 있으므로 이것도 유리화 시켜 독성을 가진 Pb 이온이 용출 하지 못하게 규석과 함께 녹여 유리화시켜야 한다.

조합된 원료를 유리용융가마에 넣어 녹여서 만드는데 프릿은 소량 용융이므로 도가니가마를 사용한다.

백운도기

백운석을 융제로 25~35% 사용한 도기를 백운도기라 한다.

가벼운 것이 특징이다.

백운석(白雲石)

돌로마이트(dolomite)라고도 말하며 칼슘과 마그네슘의 복 탄산염이며, 화학식은 $CaCO_3 \cdot MgCO_3$이다. 백운석의 겉모양은 석회석이나 마그네사이트와 비슷하고 석회석에 비하여 알갱이가 거칠고 마그네사이트보다는 고운 덩어리 상태다. 또한 묽은 염산에 서서히 발포하면서 용해하는 성질을 이용하여 석회석과 간단히 구별할 수 있다.

백운석의 첨가로 장석의 양을 줄이고 규석의 양을 늘릴 수 있는 효과도 있다. 석회질 소지에서는 석회석 대신에 백운석을 넣으면 소성 범위를 20~40%가량 넓힐 수 있다.

백유(白釉)

유약에 유백제를 넣어 백탁의 불투명한 유약을 백유 또는 유백유(乳白釉)라 한다.

유백제로는 규산지르코늄($ZrSiO_3$), 산화안티몬(Sb_2O_3), 산화주석(SnO_2) 등이 있다. 위생도기에는 규산지르코늄을 많이 사용하고 법랑에서는 안티몬 백유와 석백유를 쓴다.

백자(白磁)

철분이 적게 들어 있는 원료를 사용하여 소지색이 희고, 그 위에 투명유를 발라 구운 백색의 자기를 말한다.

인류가 지구상에 생존하기 시작하면서부터 불을 알게 되었고, 취사 중 흙이 굽혀 여물어 짐을 알게 되어 흙으로 기물을 만들어 쓰게 됨은 유사 이전부터였다.

우리나라에서도 삼국시대 이전에는 산화 소성을 하여 황갈색의 토기가 만들어졌으며, 신라 때는 강한 환원소성을 하여 검은색의 경질토기로 발전하였고 고려 때 청자의 시대를 거쳐 고려 말에 백자가 시작되어 지금은 순백자의 시대이다.

법랑(琺瑯)

금속(철판)제 기물 위에 저화도(850℃ 정도)의 유약을 입혀 금속의 산화를 방지하고 아름다운 장식을 한 제품을 법랑이라 한다.

베릴리아자기

BeO를 주성분으로 하는 자기로 열전도도가 대단히 크고 열충격에 대한 저항성이 아주 크므로 전자공업에서 흡열부에 많이 사용한다. 그러나 독성이 있으므로 주의해서 취급하여야 한다.

벤토나이트

벤토나이트(bentonite)는 극히 미세한 알갱이로 된 점토로서 주 광물은 몬모릴로나이트(montmorillonite)인데, 화산재의 유리 성분이 분해되어 생성된 매우 점성이 강한 점토를 말한다.

벤토나이트의 대부분은 물속에서 팽윤하므로 팽윤토라고도하고, 팽윤하지 않고 산성을 띠는 것을 산성백토(acidy clay)라고 한다.

변색(變色)

부분적이거나 전면적으로 의도란 색과 다른 색으로 변해있는 현상인데 주로 백자에서 원료 중에 들어있던 산화철이 너무 심하게 환원되어 푸른색을 띠거나 산화되어 황갈색을 띠는 경우와 결정유나 흐름유에서는 색의 변화가 많은데 이는 요변현상으로 우연의 미적 효과를 기대하는 것이다.

변색

변형(變形)

기물 모양이 비틀린 상태를 말하며, 성형에서도

변형

생길 수가 있으나 주로 소성할 때 과열로 찌그러진 현상을 말한다.

보색(補色)

다른 두 색깔이 섞여 하얀 색이나 검은 색이 될 때 이 두색을 보색이라 한다. 예를 들면 빨강과 초록. 주황과 파랑 등이다.

도자기에서는 산화제1철은 파랑색, 산화제2철은 주황색이므로 두 색이 섞여 무채색이 되는 것을 말한다.

복소성(複燒成)

참구이 한번으로 완성하는 것을 단소성(單燒成)이라 하고, 초벌구이한 다음 참구이 하여 완성하는 것을 복소성 또는 이도소(二度燒)라 한다.

재벌구이도 같은 뜻으로 보기 쉬우나 자기를 초벌구이한 다음 참구이 할 때나 도기 소성에서 유약구이할 때를 가리키며 이 경우로는 잘 쓰지 않는다.

자기에서는 복소성을 하면 연료비가 많이 드는 대신 품질이 좋아 지지만 도기에서는 반드시 굳힘구이(시메야끼) 한 다음 유약구이를 해야 하므로 도기의 복소성은 복소성이기는 하나 자기의 복소성과는 뜻이 다르다.

본소(本燒)

자기 소성에서 자화 시켜 제품을 완성하는 소성을 본소 또는 참구이라 한다. 옛날에는 고온 단소성으로 도자기를 구웠으며, 지금도 도예에서초벌구이 한 다음 참구이 하는 복소성을 할 뿐 일반적으로 공장에서는 연료비를 절감하기 위하여 대부분 참구이 한 번으로 완성하는 단소성을 많이 하고 있다.

다른 소성은 대부분 산화소성을 하므로 소성곡선이 직선에 가깝게 상승하며 쉽지만 자기 환원소성이 가장 어렵다.

본소하는 단계를 보면 다음과 같다.

단계	1	2	3
용어	말림불질 배소(焙燒)	그을음불질 공분(攻焚)	마감불질 분상(焚上)
불꽃성질	산화불꽃	환원불꽃	중성불꽃
화학반응 연소상태 철분상태	$O \rightarrow O_2$ 완전연소+과잉공기 Fe_2O_3(적색)	$O_2 \rightarrow H_2$ 불완전연소 $Fe_2O_3 \rightarrow FeO$(청색)	연료+공기$\rightarrow CO_2$ + $CO + O_2$ 완전연소 Fe_3O_4(무채색)
소지상태	건조	소결	자화
참구이 환원소성 곡선			

〈본소의 단계별 구분〉

배소(焙燒)

　자기 참구이의 초기 소성법으로 건조 시킨 성형품에도 수분이 3~4% 들어 있으므로 천천히 불질해야 한다. 급하게 불을 때면 기물 안의 수분이 수증기로 변하면서 팽창하여 기물이 파열되기 때문이다.

　이를 일본어로 아부리, 우리말로 말림불질이라 한다. 건조의 단계이며 산화불꽃으로 소성하여 유기물을 태우는 1단계 소성법이다.

　교과서에 그을음불질이라 되어 있는 것을 말림불질로 바꾸고, 2단계로 환원소성을 하자면 그을음을 내어야 하니 2단계 소성을 그을음불질[공분(攻焚)]로 바꾸었다

공분(攻焚)

1단계 소성법인 산화불꽃으로 계속 때면 철분에 의해 황갈색으로 착색하므로 철분을 청색으로 환원시켜 보색으로 소색시켜 순백색의 자기를 얻기 위한 2단계 환원불꽃 소성의 시기로 소결의 단계이다.

환원불꽃으로 만들기 위하여 이론공기량보다 많은 연료를 투입하여 불완전연소를 시키기 위하여 그을음을 내어야 하는 시기이므로 그을음불질이라고도 하고 일본어로 세메라 한다.

분상(焚上)

본소의 2단계 소성법인 환원소성으로 계속 불질하면 유약 안에 탄소 알갱이가 들어가서 검은색의 결점인 흡연현상이 생긴다,

그러므로 유약이 녹기 시작하면 중성불꽃으로 소성해야 하며 이 때부터 소화할 때까지의 3단계 소성법을 분상 또는 마감불질이라 한다.

앞의 표는 본소의 단계를 종합한 표이다.

본금(本金)

금의 분말을 윗그림 채색용의 용제와 섞어 기름이나 수용성 고무 등과 섞어 칠하여 850℃로 윗그림구이하면 황금색의 금빛을 낸다. 이렇게 하여 만든 금빛을 본금이라 한다.

볼밀(boll mill)

강철제 원통 벽에 돌로 내장한 안에 중간 분쇄된 원료를 돌(Boll)과 함께 넣어 회전시키면 내장재와 돌 사이에서 원료가 마찰에 의해 분쇄되는 미분쇄기이다.

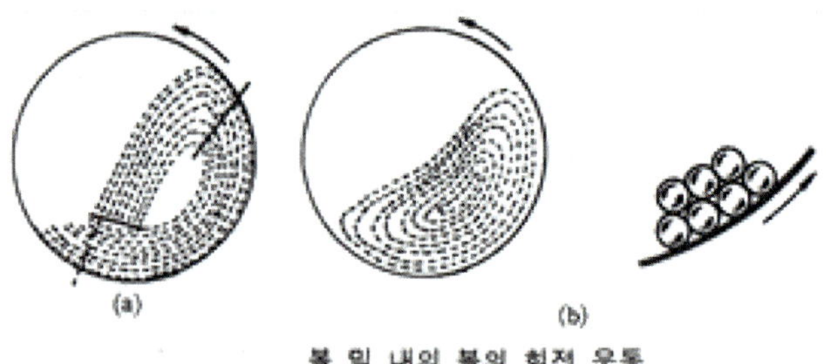

볼 밀 내의 볼의 회전 운동

볼밀 회전수

볼밀 회전수는 밀(mill)의 지름이 클수록 느려진다.
계산식은 다음과 같다.

$$N = \frac{32}{\sqrt{D}}$$

N : 회전수(RPM)
D : 반지름

부리스톨유(bristol glaze)

산화아연(ZnO)을 융제로 사용한 유약을 부리스톨유라하며 아연함유 유약이라고도 한다. 테라코타 등 1.200℃ 정도에서 녹는 유약으로 적합하나, 색유일 때 발색이 깨끗하지 못하다.

부풀음

기물 표면에 부풀어 오른 현상을 말한다.

소지 안에 모여 있던 기포나 열화학적 반응으로 생긴 가스가 연화 단계에 팽창하여 생기며 색유를 발랐을 때 유약이 흘러내려 희게 드러난다.

분무식 건조기

열풍을 불어 넣은 탱크 안에 미분쇄한 슬립을 품어 넣으면 소지 알갱이에 붙어 있던 수분은 증발하여 위로 올라가서 빠지고 소지 알갱이는 밑으로 내려오게 하는 장치이다.

여기에 모인 소지토 분말은 수분함량이 성형에 알맞고 균일한 가압성형용의 소지토를 얻을 수 있다.

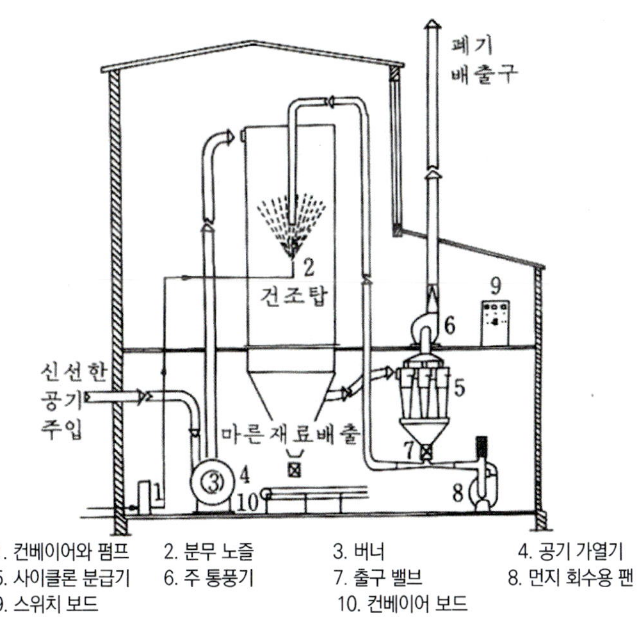

1. 컨베이어와 펌프   2. 분무 노즐   3. 버너   4. 공기 가열기
5. 사이클론 분급기   6. 주 통풍기   7. 출구 밸브   8. 먼지 회수용 팬
9. 스위치 보드   10. 컨베이어 보드

〈분무식 건조기 개요도〉

분무법(噴霧法)

기물표면에 유약슬립을 분무기로 품어바르는
방법이다. 품어바르기라고도 한다.

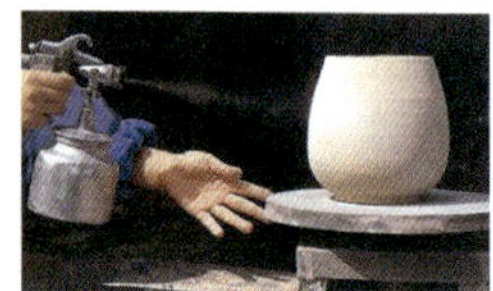

분쇄기(粉碎機)

도자기 소지나 유약에 사용되는 원료 덩어리를 아주 작은 알갱이로 만
드는 기계를 분쇄기라 한다.

분쇄기에는 조분쇄기, 중간분쇄기, 미분쇄기의 세가지로 구분한다. 토상
광물인 카올린과 점토는 쉽게 분쇄 되지만 암석질광물은 매우 단단하기
때문에 조분쇄를 거쳐 중간분쇄를 한 다음 카올린질광물과 함께 조합하
여 조합볼밀에서 미분쇄한다.

분쇄기에는 다음과 같은 것들이있다.

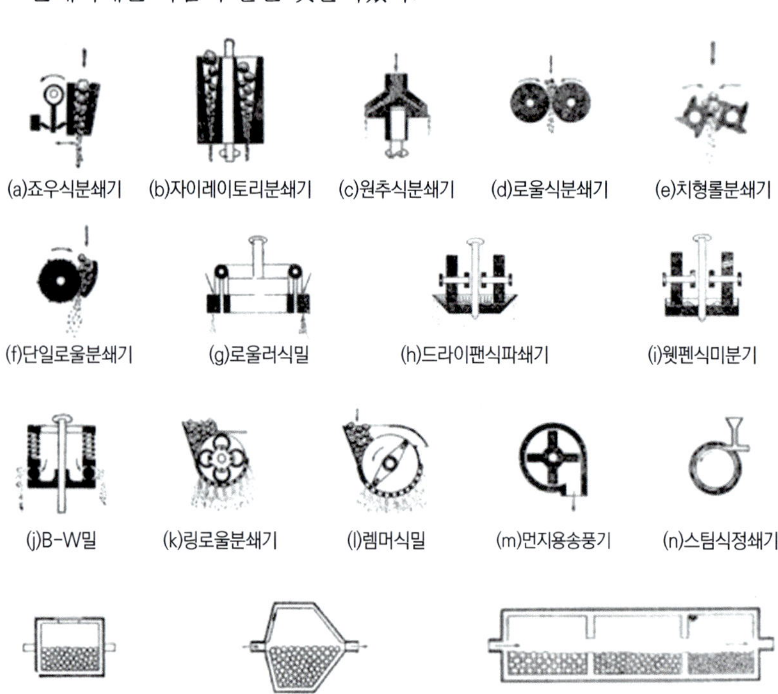

(a)죠우식분쇄기　(b)자이레이토리분쇄기　(c)원추식분쇄기　(d)로울식분쇄기　(e)치형롤분쇄기

(f)단일로울분쇄기　(g)로울러식밀　(h)드라이팬식파쇄기　(i)웻펜식미분기

(j)B-W밀　(k)링로울분쇄기　(l)렘머식밀　(m)먼지용송풍기　(n)스팀식정쇄기

(o)조합볼밀　(p)연속식볼밀　(q)튜브식밀

분원관요

사용원에서 쓰는 사기그릇을 만들었던 광주 분원을 말한다.

사옹원(司饔院)

조선시대 궁중의 음식에 관한 일을 맡아보던 관청이다.

분청자기(粉靑磁器)

분장(粉裝) 청자(靑磁)가 준말이며, 일본에서는 미시마(三島)라 하며 우리 발음으로는 삼도(三島)이다. 청자의 기법이 고려말에서 조선조로 내려오면서 나태하여 칼로 파는 대신 도장을 찍거나 청자 소지로 만든 성형 체 위에 그대로 백색 화장토를 붓(솔)으로 칠하여 붓의 흐름을 무늬화 하거나 여기에 칼로 파서 무늬를 넣은 것 등이 있다. (도록 20p. 참고)

불꽃의 종류

불꽃의 종류에는 산화불꽃, 환원불꽃, 중성불꽃의 세 가지가 있다.

산화불꽃(酸化炎, 산화염)

연료의 연소에 필요한 이론공기량보다 공기(O_2)를 많이 넣어 완전연소시켜 불빛이 맑고 투명한 상태를 산화불꽃이라 한다. 공기를 너무 많이 공급하면 온도 상승이 잘되지 않으므로 과잉공기계수도 참고하여야 한다. 산화염으로 불을 때는 이유는 소지 안에 들어있는 유기물은 태우고, 탄산염 황산염 등 물질은 분해시켜 CO_2나 SO_2가스로 방출시키기 위함이다. 만약 이것들이 소지 안에 들어있으면 유약이 녹은 뒤에 분해되어 기포가되어, 부풀음이 생기는 원인이 되고 유기물이 모두 타지 않고 탄소로 남으면 소지 색이 검은색을 띠기 때문이다.

도기에서는 굳힘구이와 유약구이를 모두 산화불꽃으로 소성하는데, 소지 안에 들어있던 철분이 제2철(Fe_2O_3)로 산화되어 약간의 황 미를 느끼게 하지만 이는 블루잉(Bluing)이라 하여 청색인 코발트를 미량 넣어 보색 소색하여 백색으로 보이게 한다.

$$\text{보색작용 : 산화철}(Fe_2O_3) + \text{산화코발트}(CoO)$$
$$\text{붉은색} \quad + \quad \text{파랑색} \quad \rightarrow \quad \text{무채색}$$

환원불꽃(還元炎)

공기의 공급을 적게하여 불완전 연소를 시킴으로서 수소. 일산화탄소. 탄소를 연소가스 안에 생기게 하여 소지 안에 들어있는 2철을 1철로 환원 시켜 보색 작용으로 소색 하기 위함이다. 이때는 불완전연소로 인한 탄소 로 그을음이 많이 난다.

중성불꽃(中性炎)

연료와 공기의 공급량을 같게 하여 완전 연소의 상태인 연소가스 중에 이산화탄소(CO_2)만의 상태. 연소가스 중에 H_2, CO, C 또는 괴잉공기인 O_2가 없는 상태를 중성염 또는 중성불꽃이라 한다. 그러나 실제 이론공기 량 만으로는 완전연소를 시킬수 없으므로 과잉공기계수도 고려하여야 한 다.

붕사(硼砂, borax)

화학식이 $Na_2O \cdot 2B_2O_3 \cdot 10H_2O$ 또는 $Na_2B_4O_7 \cdot 10H_2O$이고 낮은 온도 에서 녹는 유약을 얻기 위해서는 융제(flux)로서 PbO와 함께 꼭 필요한 성분인데, 그 역할을 보면, 유약의 점성을 낮추고 유약의 광택을 좋게 하 며 유약의 융점을 낮춘다.

일반적으로 붕사는 10%까지는 유약에 사용할 수 있으나, 그 이상의 붕 사를 사용하면, 유약이 취약해지고, 균열이 생기기 쉬우며 밑그림 채색을 해치고 기포가 생겨 핀홀 등이 생기기 쉽다.

붕산유(硼酸釉)

산화붕소(B_2O_3) 성분을 용융성분으로 사용한 저화도 프릿 유약을 말하며, 산화납과 함께 강한 용융 작용을 한다. 도기유에 쓰인다.

붕판(棚版) 재임

사야를 쓰던 시대는 재료가 샤못트질이여서 내화 온도가 낮아 고온에 찌그러지는 경향이 있었으나 지금은 고내화성인 탄화규소(SiC)질의 내화판(耐火板)을 만들어 선반 모양으로 조립하여 두고 거기에 기물을 얹어 가마재임 하는 것을 붕판 재임이라 한다.

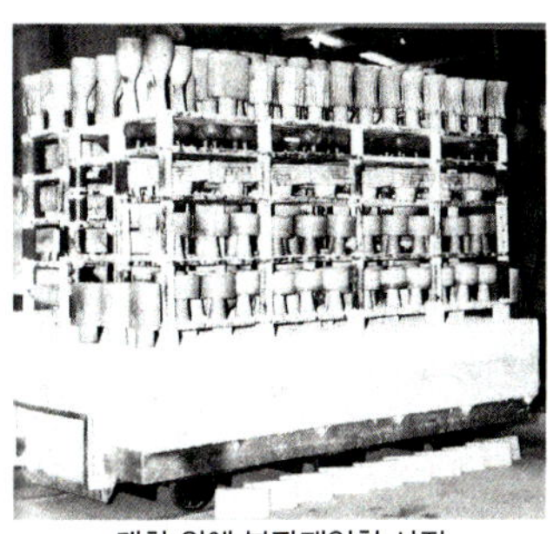

대차 위에 붕판재임한 사진

비가소성 원료(非可塑性原料)

가소성이 큰 연토(練土)는 소지토의 입자가 미세하여 건조할 때 수축이 심하여 변형 또는 파열하기 쉽고, 시유 할 때 유약이 잘 묻지 않으므로 비가소성 물질을 넣어야 한다.

예를 들어 옹기는 적갈색의 철분이 많이 들어있는 점토 한 가지만으로 만드는데, 어떤 옹기공장에 가니 두 가지 원료를 섞어 쓰기 때문에 물으니, 너무 차지기 때문에 차질과 매질의 점토를 섞어 쓴다는 것이다. 이처럼 점성이 지나칠 때는 입자가 큰 비가소성 물질을 섞어서 사용하여야 한다. 장석이나 카올린도 비가소성이나 일반적으로 규석을 말하는데 이는 기계적강도와 투광성을 좋게 하기 때문이다.

빌리이크 자기(belleek 磁器)

페리언자기에 유약을 바른 것을 빌리이크 자기라하며, 시유 페리언이라고도 한다.

사

사가요갱(佐賀窯元)

『사가요갱 순례(佐賀の窯元めぐり)』에는 사가(佐賀) 현에 있는 82개의 가마가 소개되어 있으며 이것이 모두 아리다야끼(有田燒)이다.

사야(Sagger)

공간 활용과 머플의 역할을 하기 위한 내화물로 만든 원형 또는 사각형 상자이다(내화갑 참조).

1970년 경부터 붕판이 수입되고 해를 거듭하면서 국산화되자 사야는 사라져가고 있다. 그러나 지금 쓰이는 사야는 H사야나 접시 등에 쓰이며 모두 공간 활용의 지지용으로 쓰이고 있다.

사야재임

사야에 소성할 기물을 넣는 작업을 사야 재임 또는 갑재임이라 하고, 사야재임된 것을 포개어 가마 안에 적재하는 작업을 가마재임 또는 요적(窯積)이라고 한다.

〈여러가지 재임 방법〉

(a) 접시 초벌구이

(b) 접시 초벌구이

(c) 초벌구이 컵

(d) 접시 참구이

(e) 접시 참구이

(f) 컵 참구이

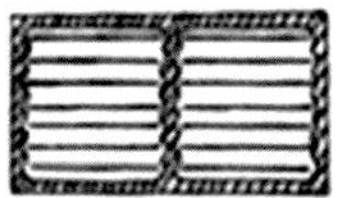

(g) 타일 유약구이

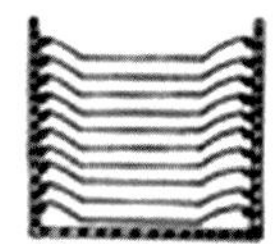

(h) 접시 유약구이

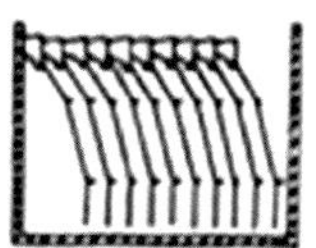

(i) 접시 유약구이

(j) 페어리언 유약구이

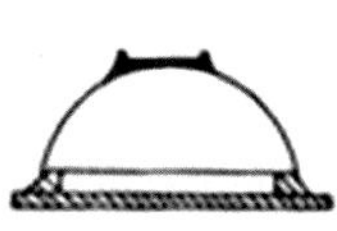

(k) 대접 참구이

(l) 꽃병 참구이

사요(蛇窯)

벽돌 굽던 가마로 80m 정도 길다고 사요라 한 듯하다. 일제 말 대구 칠성, 삼덕 남부초등학교 등을 짖기 위해 지금의 파티마병원 서쪽 감나무밭에 있다가 해방이 되자 문을 닫았다. 경주에도 탑동에 있었는데, 황남국교와 경주공업중학교(6년제) 등을 짖고는 폐요하였다.

사이아론(Sialon)

질화규소(Si_3N_4)가 고강도 고온 재료로 연구 개발된 후 4년 이상 경과 하여 새로운 재료가 출현하였다. 그중에 Si_3N_4에 Al_2O_3를 첨가 소결하여 Si-Al-O-N의 구성원소로 이루어진 일연의 물질이 존재하는 것이 발명되었다. 그 원소 배열에 따라 사이아론이라 불러지게 되었다.

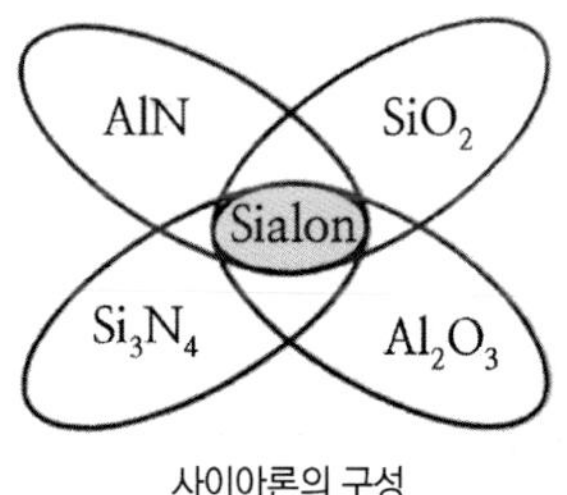

사이아론의 구성

특성을 보면 고강도뿐 아니라 저팽창성이고, 고내식성의 우수한 신소재이다.

산화구리(copper oxide)

분자식이 CuO이고 비중이 6.3인 흑갈색 분말로서, 1233℃에서 분해하지 않고 용융한다.

녹색의 윗그림 및 밑그림 유약의 채색료로 쓰인다.

산화납(酸化鉛)

산화납 원료에는 밀타승(리사지:literge, PbO)과 연단(minium, red red, Pb_3O_4), 연백(white red, $2PbCO_3 \cdot Pb(OH)_2$)이 있다.

연단은 순수한 것을 얻기가 어렵고, PbO가 25% 이상 포함되어 오렌지색을 띠는 것을 광명단이라 하며 납원료로 가장 많이 쓰인다.

산화니켈(nickel oxide)

분자식이 NiO이며 비중이 6.6~6.8인 회록색의 분말로서 회색 착색제로 쓰인다. 산화니켈은 납 유약에서는 밀짚 색에서 보라색 사이의 갈색을 띤다.

산화망간(manganese dioxide)

분자식이 MnO_2이고 비중이 5.03, 용융점은 535℃이고, 검은 구릿빛 침상의 결정 또는 무정형 분말로 도자기의 저화도 유약에서 자색 착색제로 쓰인다.

산화아연(zinc oxide)

화학식은 ZnO이고 일반적으로 금속 아연의 증기에 산소 또는 공기를 작용시켜서 얻는데, 입자가 매우 고와서 아연화(花)(zinc flower)라고도 한다. 부리스톨유에 쓰인다.

산화우라늄(uranium dioxide)

분자식이 UO_2인 흑갈색 분말로서 우라늄 흑이라고도 한다. 우라늄은 납이 많이 함유된 유약에서는 1040℃ 이하에서 적색이 되고, 붕소를 함유한 유약에서는 황색의 색조를 나타낸다. 우라늄을 함유한 유약를 1050℃이상에서 소성하면 적색은 황색이 되고, 더 높이면 흑색으로 변한다.

산화철(ferric oxide)

산화 제1철(FeO)의 흑색 분말과 산화 제2철(Fe_2O_3)인 적색 분말이 있는데, 적색분말인 제2철이 많이 쓰인다. 제2철은 1370℃에서 소결하고, 1500~1600℃에서 용융한다. 산화철이 투명유에 약간 함유되어 있을 때 산화염 소성에서는 황색에서 갈 적색으로 되고, 강한 환원염 소성에서는 청색이 된다. 그 대표적인 예가 청자이다.

산화코발트(cobalt oxide)

분자식이 CoO이고 비중이 5.7~6.7이고, 회색 분말로서, 발색이 강하고 매우 안정된 청색의 착색제이다.

산화크롬(dichromium trioxide)

분자식이 Cr_2O_3이고 비중이 5.21이고 암록색의 비정질 분말로서, 고급 녹색 안료의 원료로 많이 쓰인다.

3성분계(三成分系)

$RO \cdot Al_2O_3 \cdot SiO_2$의 화학조성을 가진 전통 요업의 소지를 말한다.
여기서 RO는 알카리인 Na_2O, K_2O, CaO, MgO이다.

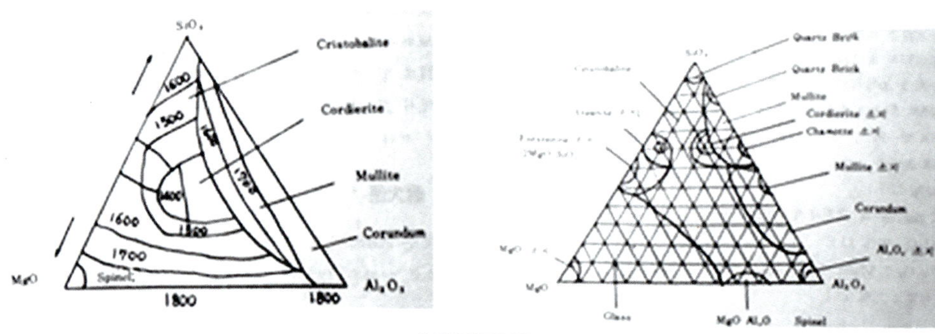

3성분계 구성도

상감(象嵌)

성형된 기물이 반건(半乾)되었을 때 조각칼로 무늬를 파고 그 자리를 백색 상감토와 흑색 상감토로 메운 다음 칼로 무늬를 매끈하게 다듬어 장식하는 기법이다. 상감토의 색상에 따라 백상감, 흑상감으로 구분하기도 한다.

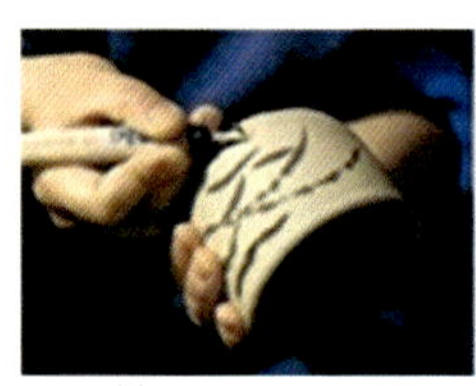

(1) 칼로 무늬 파기

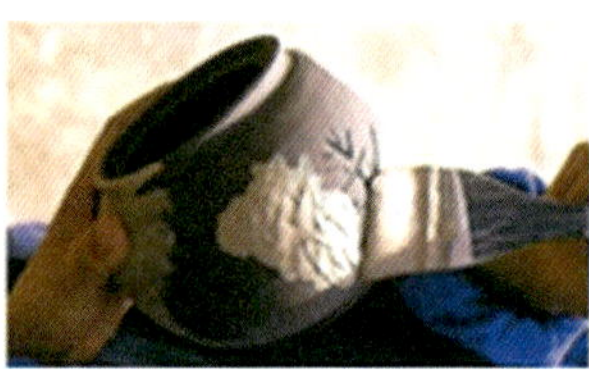

(2) 화장토 칠하기

(3) 칼로 화장토 벗기기

상회(上繪)

참구이 하여 완성된 자기표면에 그림을 그리는 것을 상회라 하며, 윗그림이라고도 한다.

상회소(上繪燒)

상회한 제품을 산화불꽃으로 850℃ 정도로 소성하여 다채색의 아름다운 제품으로 소성하는 구이이다. 이를 윗그림구이라고도 한다.

그러나 플럭스에 알카리가 많이 들어가므로 유리의 구조가 개방되어 내구성이 약하다.

색유(色釉)

유약 안에 금속의 산화물이나 이들로 만든 착색제를 넣어 발색시킨 유약을 색유라 한다. 착색성분과 발색을 보면 아래와 같다.

산화물	철(Fe)	구리(Cu)	망간(Mn)	크롬(Cr)	코발트(Co)
발색	갈(산화) 청(환원)	록(산화) 적(환원)	보라	록(산화) 적(환원)	진한청

색소지토(色素地土)

백색 소지토에 착색제를 넣어 만든 착색 소지토를 색소지토라 한다. 화장이나 상감 등 여러 가지 방법으로 장식에 사용한다.

원료	조합비	발색	원료	조합비	발색
소지 산화코발트	95~85 5~15	청색	소지 산화철	82~96 18~4	갈색
소지 산화코발트 산화크롬	85 5 10	청록색	소지 산화티탄	90~95 10~5	상아색
소지 산화크롬	98 2	선 홍록색	소지 규산철	85~98 15~2	적색
소지 산화코발트 산화닉켈	90 2 8	남색	소지 산화철 연망간광 산화코발트	90 3 3 4	흑색
소지 산화닛켈	95 5	청동색	소지 연망간광	98 2	상아색

생유(生釉)

자기 유약처럼 열처리하지 않은 생 원료로 만든 유약을 생유라 한다.
이보다 낮은 온도에서 소성하는 도기 유약은 거의 프릿유이다.

샤모트(chamotte), 소분(燒粉)

주원료가 천연 광물인 카올린($Al_2O_3 \cdot 2SiO_2 \cdot 2H_2O$)과 납석($Al_2O_3 \cdot 4SiO_2 \cdot H_2O$)인데, 내화성 성분의 함량이 많고 알카리의 함량이 적어 종래에 많이 쓰여 오던 내화재료이다. 이를 구어서 수축을 없엔 것을 샤모트 또는 소분(燒粉)이라고도 한다.

샤모트질

내화갑용의 샤모트는 점토(카올린)와 납석을 같이 쓰므로 샤모트질이라는 용어를 쓰며 $Al_2O_3 \cdot 2SiO_2 + Al_2O_3 \cdot 4SiO_2$로 표시하였다. 내화물에서는 카올린질 내화물과 납석질 내화물로 나누어 말하기도 한다. 현장에서는 내화갑 파손물을 재활용하기 위하여 분쇄한 것도 샤모트라 한다.

서미스터(thermistor)

저항값이 온도 상승에 따라 현저하게 떨어지는 물질을 말한다. 온도의 측정 제어 외에도 써지, 전류제어 진폭제어 등 전자공학상 쓰이는 곳이 많다.

석고(石膏)

석고에는 천연 석고와 바닷물에서 나오는 염전 석고와 알루미늄 제조 시 부산물로 나오는 화학 석고가 있다. 석고가 귀할 때 검은색의 불순한 염전 석고를 쓰기도 하였으나 백색의 천연 2수 석고인 원석을 분쇄한 다음 하소(煆燒)하여 만든 반수(半水) 석고($CaSO_4 \cdot 1/2H_2O$: 소석고)인 백색의 가루를 일반적으로 석고라 부른다.

소석고 만드는 화학반응식을 보면 다음과 같다.

$$CaSO_4 \cdot 2H_2O \;\rightarrow\; CaSO_4 \cdot 1/2H_2O$$

석고암   가열   소석고

석고는 도자기 성형용의 석고틀을 만드는데 사용하며 소석고를 물에 타서 교반하면 발열하면서 팽창한다. 교반 시간과 응결 시간은 혼합한 물의 양이 많고 알갱이가 미세할수록 길어진다.

석고 분리액

제형 할 때 석고 틀이 서로 붙지 않도록 바르는 이형제로 석유에 스테아린을 녹인 것, 벤젠에 당밀을 녹인 것, 셀락, 규산나트륨 등이 있으나, 도자기 공장에서는 칼륨비누가 많아 쓰이고 있다.

석기(炻器)

소지는 보통 점토를 쓰므로 불순물로 철분이 많아 적갈색을 띠고 있으며, 1200~1250℃에서 소성하므로 도기와 자기의 중간 성질을 가지고 있다. 자기에는 미치지 못하나 흡수성이 적고 투광성이 없고 또 물 또는 용액에 대한 삼투성이 없고 기계적 강도가 충분하며, 내충격성과 내마멸성이 크고, 급격한 온도 변화에 대해서도 저항성이 높다. 자기로는 만들기 힘든 큰 물건을 만들며 우리나라에서는 옹기가 이에 속한다.

석기는 사용하는 점토의 종류 및 소성 온도 등의 차이에 의해서 조석기와 정석기로 나눈다. 이들의 종류별 용도는 다음과 같다.

석기	조석기	가정용	찻잔, 화로, 오지그릇
		건축용	외장타일, 내장타일, 바닥타일, 크링커타일, 모자이크타일, 도관 등
	정석기	화학공업용	내산 석기류
		전기용	애자류
		장식용	꽃병, 테라코타

석회석(lime stone)

석회석은 탄산칼슘($CaCO_3$)을 주성분으로 하는 수성암이며, 광물학적으로 선석(aragonite), 방해석(calcite), 바테라이트(vaterite)의 세 종류가 있다. 방해석의 단일광물로 된 암석을 석회암이라 하고, 변성작용을 받아서 재결정된 석회암을 대리석(marble)이라 한다.

도자기소지에 약 3% 이하의 석회석을 첨가하면 수축 및 기계적 강도가 매우 커지고 기공률을 감소시키며 약간의 투명성을 가지게 한다. 그리고 석회유에 많이 쓴다.

석회유(石灰釉)

매용원료로 석회석을 많이 사용하는 유약이다.

선반재임

가마 안에 내화판을 선반형으로 조립해두고 그 위에 소성하기 위한 기물을 얹는 작업을 선반재임이라 한다.

성형(成形)

소지토로 기물을 만드는 과정을 성형이라 한다. 성형 방법에는 물레를 돌려서 만드는 물레성형. 소지를 물에 풀어 슬립(slip) 상태로 만들어 석고틀에 부어 기물을 만드는 주입성형. 프레스로 찍어 기물을 만드는 가압성형. 연토를 펵밀에서 밀어내어 성형하는 압출성형 등이 있다. 소지토의 수분 함유량에 따라 프레스 성형처럼 분말 상의 소지를 쓰는 성형 방법을 건식성형. 물레성형이나 주입성형처럼 수분함량이 많은 소지를 사용하는 성형을 습식성형이라 한다.

세라믹(Cermaic)

가마에서 고열처리하여 만드는 제품공업(규산염공업)을 **요업(窯業)**이라 하고 이것을 영어로 세라믹이라 한다.

옛날에는 요업하면 동양은 도자기, 서양은 유리가 전부라 하여도 좋을 만큼 갈라져 있었으나 서양은 16세기에 들어와서 자기를 만들기 시작했고 동양의 유리는 일본이 앞섰으나 19세기에 시작하였다. 20세기 중반 요업에는 도자기, 유리, 법랑, 시멘트, 내화물, 연마지석 등으로 분류되다가 20세기 중반 이후 신 요업제품이 개발되기 시작하여 제품이 다양해지면서 규산염공업이라는 용어가 사라지게 되었다.

〈세라믹의 분류〉

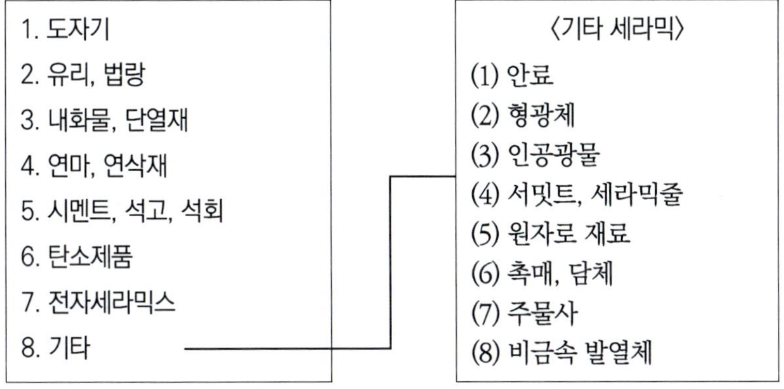

셔틀가마(shuttle kiln)

대차에 가마재임 한 소성품을 가마(단독 각 가마) 안에 밀어 넣어 소성한

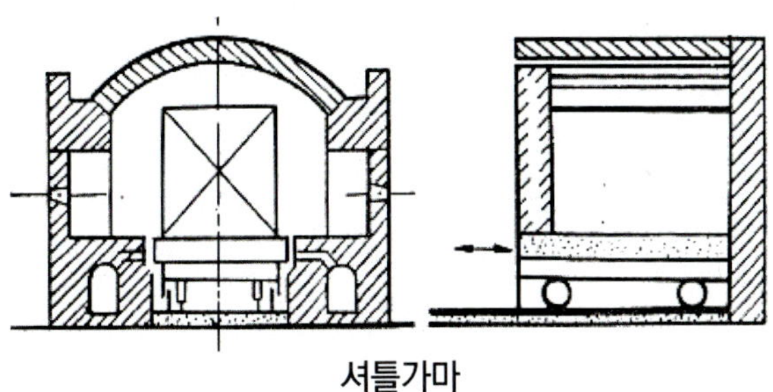

셔틀가마

후 대차(臺車: 소성할 물건을 적재하는 수레)를 끌어내어 제품을 내리는 형의 가마이다. 작업하기 편리하고 조업시간을 단축 시키고, 가마의 여열을 이용할 수 있는 장점이 있으므로 소규모공장에서는 많이 사용되고 있다.

소결(燒結)

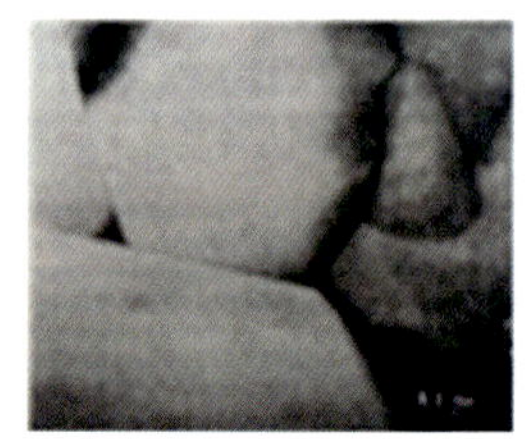

도자기를 성형하여 건조 시키면 소지 알갱이 사이에 공간이 있다. 이를 고열로 가열하면 기공율이 줄어들면서 여물어 진다. 이처럼 고화하는 상태를 소결이라 한다.

소성(燒成)

고열로 도자기를 굽는 작업을 소성이라 한다. 소성의 종류에는 낙소(樂燒), 소소(素燒), 본소(本燒), 체소(締燒), 유소(釉燒), 상회소(上繪燒) 등이 있다.

소소(素燒), 초벌구이

유약을 바르기 전에 강도를 크게 하고 흡수성을 좋게 하여 시유가 잘 되게 하기 위하여 산화염으로 850~900℃ 정도의 낮은 온도에서 굽는 것을 초벌구이라 한다.

소지(素地; body)

도자기의 본체를 이루는 흙을 소지 또는 소지토, 배토(坏土), 태토(胎土)라 한다. 기물의 본체를 소지라 하고, 소지 위에 입혀진 유리질을 유약이라 한다.

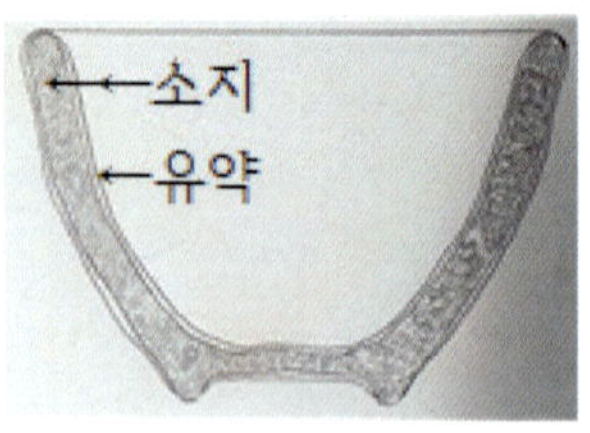

소지는 결정질이며, 유약(유리)은 비정질이다. 결정질은 융점이 있으며, 비정질은 융점이 없고 가열하면 점차 점도가 낮아지며, 녹은 상태에서 냉각하면 점차 점도가 증가하면서 고화한다.

　자기는 구울 때 유약을 바르지 않지만, 도기에서는 유약을 발라야 한다. 도기의 소지가 다공질이기 때문에 이곳을 통해서 물이 들어가 수화팽창하여 균열이 생겨 못쓰게 되기 때문이다. 이것으로 자기와 도기를 쉽게 구별할 수 있다.

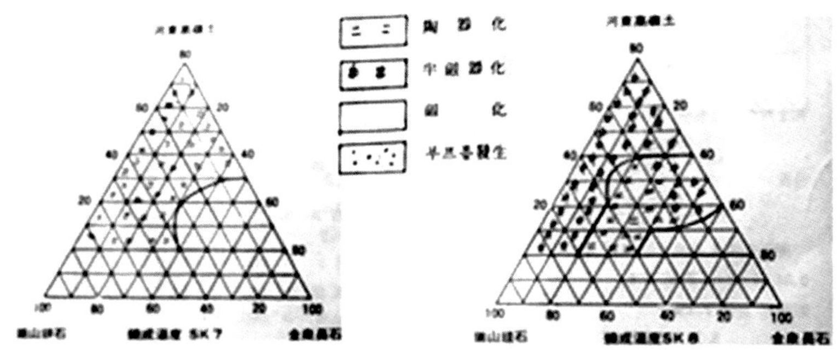

수비(水飛), 물가림, 수파(水簸)

　체가림으로 입도분리 할 수 없는 미세한 입자를 분리하는 방법으로 알갱이의 크기와 가라앉는 속도가 다름을 이용하여 입도분리하는 방법이다.

　장치로는 1) 파손된 성형품을 교반기에서 물에 풀어 지하 탱크에 모아 두었다가 일정 시간이 지난 후에 미립의 현탁액은 탈수하여 재활용하고 밑에 가라앉은 불순 조립은 버린다.

　2) 일정한 길이의 도랑을 일정한 유속으로 통과하는 동안 가라 앉지 않은 미립을 탈수하여 사용한다.

　3) 도르식 디크너 등 장치를 사용한다. (스토크 법칙 참고)

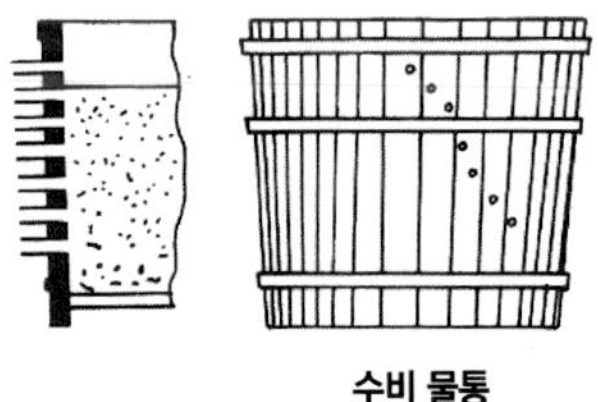

수비 물통

스애끼(須惠器)

강한 환원염으로 소성한 신라의 흑색 경질토기가 4세기에 일본으로 전해져서 발전한 것이 스애끼라 하는데, 경주 향토 사학가 윤경열 씨는 여물기어 때리면 쇠 소리가 나기 때문에 스애끼라는 이름이 붙여진 것이라고 하였다.

스컴(scum)

소지 중에 가용성염류 특히 황산칼슘($CaSO_4$) 황산마그네슘($MgSO_4$) 황산칼륨(K_2SO_4) 황산나트륨(Na_2SO_4) 등 황산염의 경우가 많으나 이들의 염화물이나 질산염의 경우도 있다.

이들이 유약 표면에 흰색(회색 노랑 파랑 갈색 등)으로 응결하여 있다가 기물을 물에 넣으면 이들은 가용성이므로 용출되어 무광의 거친 결점으로 나타난다. 이를 스컴이라 한다.

스테아타이트(steatite) 자기

조성이 $MgO \cdot SiO_2$인 자기이며, 활석을 주원료로 한 것으로 전기절연성이 3성분계에 비하여 우수할 뿐 아니라 강도도 크다. 소지의 조성은 활석에 미량의 첨가제를 넣는데, 특히 활석의 조성은 철분 1%, 석회석 1.5%, 알루미나 2% 이하의 고순도여야 한다.

〈스테아타이트 자기의 조성(%)〉

재료	활석	칼륨장석	카올린	$MgCO_3$	$BaCO_3$	$CaCO_3$	벤트나이트	점토
소지 1	87	6	7	-	-	-	-	-
소지 2	80	-	15	7.5	17.5	-	-	-
소지 3	88	-	5	-	8	1	-	-
소지 4	85	-	-	-	9.5	-	0.5	5.0

〈유약 조성(%)〉

원료	장석	석회석	석영	블크레이
함량(무게 %)	37	15	35	13

스토크의 법칙

공 모양의 입자가 공기나 물속에서 가라앉는 속도로 입도를 규정하는 식이다. 계산식은 다음과 같다.

$$v = \frac{2}{9} \times \frac{g(\rho_1 - \rho_2)}{\eta} \cdot r^2$$

여기서,　v : 침강속도(cm/sec)　　ρ_2 : 유체의 밀도(g/cm^3)

　　　　g : 중력 가속도(cm/sec^2)　　r : 입자의 반지름 (μm)

　　　　ρ_1 : 고체입자의밀도(g/cm^3)　　η : 유체의 점도 (poise)

〈입자의 침강 속도〉

구형 입자의 지름(μm)	침강 속도(cm/s)	
	공 중	수 중
1	0.0077	0.000062
2	0.031	0.00032
5	0.19	0.0020
10	0.77	0.0081
25	4.8	0.050
44	15	0.16
74	42	0.44
104	81	0.87

스피넬 안료

$AO \cdot B_2O_3$ 형의 광물로 윗그림 채색료로 쓰인다.

스피넬 화합물과 발색

스피넬 광물	발색	스피넬 광물	발색
$MgO \cdot Al_2O_3$	흰색	$FeO \cdot Cr_2O_3$	검은색
$ZnO \cdot Al_2O_3$	흰색	$CdO \cdot Cr_2O_3$	황색 띤 흑색
$MnO \cdot AlO_3$	밝은 차색	$CuO \cdot Fe_2O_3$	밝은 녹색
$NiO \cdot Al_2O_3$	하늘색	$CdO \cdot Fe_2O_3$	청색 띤 회색
$MgO \cdot CrO_3$	어두운 녹색	$FeO \cdot Fe_2O_3$	회흑색
$ZnO \cdot CrO_3$	녹색을 띤 차색	$(0.5CoO \sim 0.557MgO) \cdot Cr_2O_3$	흑색
$MnO \cdot Cr_2O_3$	회색	$(0.5CoO \sim 0.51NiO) \cdot Cr_2O_3$	암록색
$MgO \cdot Al_2O_3$	흰색	FeO	녹색
$MgO \cdot Fel_2O_3$	인도 차색	$ZnO \cdot SnO_2$	청록색
$ZnO \cdot Fe_2O_3$	기와 붉은색	$2LoO \cdot TiO_2$	록색
$NiO \cdot Fe_2O_3$	적색 띤 검은색	$LaO \cdot MgO \cdot SnO_2$	암청 띤 녹색
$LoO \cdot Fe_2O_3$	적색 띤 검은색	$ZnO \cdot 0.2Cr_2O_3 \cdot 0.8Al_2O_3$	핑크색
$LoO \cdot Al_2O_3$	청색	$ZnO \cdot 0.5Al_2O_3 \cdot 0.5Fe_2O_3$	밝은 차색
$FeO \cdot Al_2O_3$	갈색	$NiO \cdot ZnO \cdot SnO_2$	밝은 녹색
$CuO \cdot Li_2O_3$	청록색	$NiO \cdot MgO \cdot SnO_2$	밝은 녹색
$CuO \cdot C_2O_3$	흑색		

스틸트(stillt)

도기 제조에 사용되는 가마도
구이다. 우리나라 도자기 제조용
의 가마도구와는 매우 다르다.

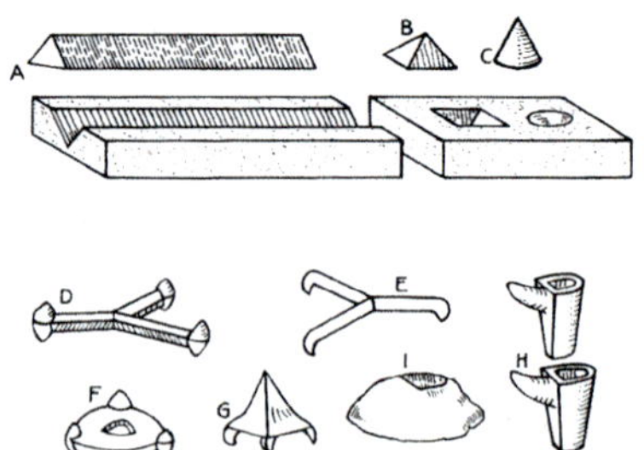

슬립(slip)

소지토 알갱이가 물에 분산 현탁 된 유동 상태를 슬립 또는 니장이라 한
다.

습식 건조(濕式乾燥)

건조할 때 파열이 잘 생기는 애자처럼 두꺼운 기물이나, 위생도기처럼 큰 물건을 건조할 때 쓰는 방법으로, 습도를 높이면서 온도를 높여 물의 점도를 낮게 하여 수분의 이동 속도를 빠르게 하여 건조 시키는 방법이다.

승염식가마(昇焰式窯)

불꽃의 이동 방향이 위로 올라가게 만든 가마로 오름불꽃식가마라고도 한다. 영국 웨지우드의 Bottle Kiln(선가마)이 한 예이다.

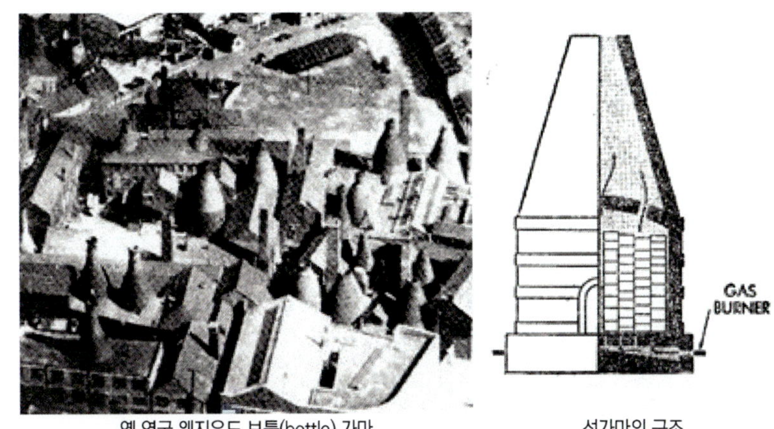

옛 영국 웨지우드 보틀(bottle) 가마   선가마의 구조

시멘트(cement)

건축이나 토목 재료로 쓰는 접합제, 석회석과 점토와 적당량의 석고를 섞어 이긴 것을 구워서 가루로 만든 것이다. 만드는 방법은 석회석, 규석, 점토, 산화철, 슬래그, 석고 등의 원료를 적당한 비율로 조합하여 분쇄기에서 미분쇄한 후 회전 가마(rotary kiln)에 넣어 용융한 것을 다시 미분쇄하여 포대에 넣는다.

회전가마

시유(施釉)

유약 바르는 작업을 시유라 한다. 시유 방법에는 침괘법(沈掛法). 유도법(流塗法). 분무법(噴霧法)이 있고 그 밖에 도예에서는 솔질법. 튕겨 바르기도 쓰며 특수한 경우에는 체질법, 증발법도 쓴다. 체질법은 분말유약을 체로 쳐서 기물면에 붙이는 방법이다.

침괘법=담구어바르기

유도법=흘려바르기

분무법=품어바르기

식염유(食鹽釉)

석기점토 제품을 소성할 때 1080℃ ~ 1150℃에서 불 아궁이에 소금을 뿌려주면 증발하여 Na^+ 이온은 공기중의 산소와 결합하여 Na_2O로 산화되고, 이것은 제품 표면의 성분인 SiO_2와 Al_2O_3와 결합하여 규산염($Na_2O \cdot Al_2O_3 \cdot SiO_2$)의 유리질로 변하며 유약의 피막이 형성된다.

소금을 증발시켜 유약을 생성시키므로 증발유(烝發釉) 또는 휘발유(揮發釉)라고도 한다.

신요업(New Ceramics)

규산염광물을 주성분으로 한 이제까지의 전통 요업(올드 세라믹)에 대응하는 용어로서 근년 세라믹 기술의 눈부신 진보와 개발로 이제까지의 도자기에서는 기대할 수 없었던 고성능 고기능성의 세라믹을 총칭하여 파인세라믹 또는

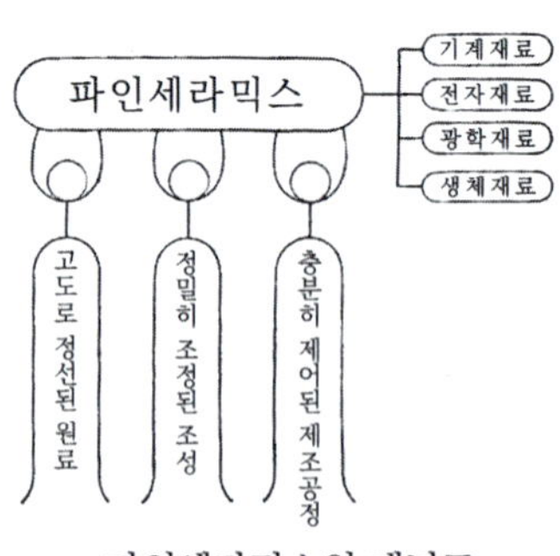

파인세라믹스의 개념도

뉴세라믹이라고도 한다.

파인세라믹을 기능면에서 분류하면 전자기(電磁氣). 광학적 기능을 가지고 있으며, 주로 일렉트로닉스를 중심으로 이용하는 기능성 세라믹, 내열성과 강도를 충분히 높인 엔지니어링 세라믹, 생체적합성을 특히 중시하는 바이오 세라믹으로 나눌 수 있다.

〈비산화물 세라믹스의 분류〉

비산화물 세라믹스	탄화물	SiC, TiC, ZrC, HfC 등
	질화물	Si_3N_4, AlN, TiN, ZrN 등
	황화물	MoS_2, CdS, ZnS 등
	규화물	Mo_2Si, $TaSi_2$, WSi_2 등
	불화물	TiB_2, LaB_4 등
	기타	인화합물(BP)

세리믹의 주요 응용 분야는 다음과 같다.

압전체(壓電體)

어떤 물질에 압력을 주었을 때 전기를 발생하는 물질이다. 가정용 가스기구의 자동 점화장치에 사용되며 가스라이터에서 흔히 볼 수 있다.

티탄산지르콘산납($Pb(Ti-Zr)O_3$) 세라믹스가 쓰이고 있다.

전기변압기(電氣變壓器)

세라믹에 전기를 통하면 승압작용을 하는 물질을 이용한 것이다.

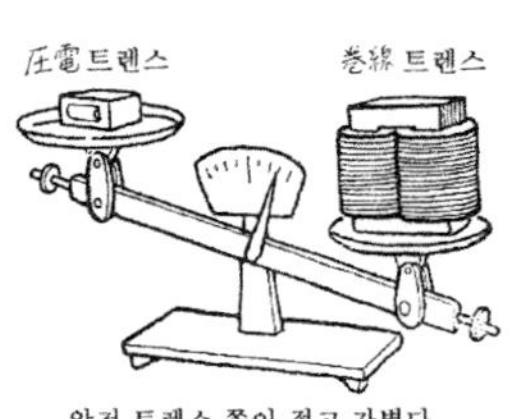

압전공진자(壓電共振子)

고속전철의 열차에 번호를 부여하고 여기에 압전공진자 세라믹을 이용함으로써 중앙 통제실에서는 열차의 위치를 알아내고 역마다 이를 설치하여 자동제어의 기능을 갖게 하는 세라믹스이다.

열차번호 식별 - 각역에 알림

초음파진단장치(超音波診斷裝置)

초음파를 생체 내에 보내면 일반 장기와 다른 병적 부분에 이르면 반사의 차이를 일으킨다. 이를 이용하여 질병을 찾아내는 장치이다.

세라믹 피뢰기(避雷器)

뢰(雷, 우뢰, 천둥)의 에너지를 흡수하여 우뢰로 인한 단전 등의 피해를 방지하는 기계로 SiC로 만든 소자가 사용된다.

뇌전 잡아 먹는 세라믹스

전파흡수(電波吸收) 세라믹

전파를 흡수한다는 것은 전자에너지를 흡수한다는 뜻이며 페라이트가 이용된다.

전파가 먹히다.

세라믹 온도계

저항값이 온도 상승에 따라 현저하게 떨어지는 물질을 써미스터(thermistor)라 한다. 그림은 체온 측정의 한 예이다.

온도측정

세라믹 발열체

세라믹 발열체에는 다음 4가지가 있다.

탄화규소(SiC) ·····························1600℃

규화모라브덴(MoSiO₂)··············1600℃

란탄크로마이트(LaCrO₃) ···········1800℃)

지르코니아(ZrO₂) ······················2000℃

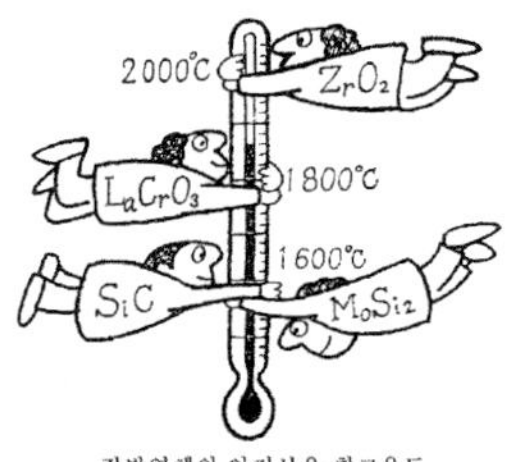

각 발열체의 안전사용 최고온도

적외선탐지(赤外線探知) 센서

그림은 범죄 수사에 이용되는 예이다.

바이오세라믹스

생체에 사용되는 재료이므로 아래와 같은 조건을 구비해야 한다.

①독성 등 인체에 무해, ②생체조직과의 친화성, ③강도, ④내마모성, ⑤성형 가공 용이 등의 조건을 갖추어야 한다.

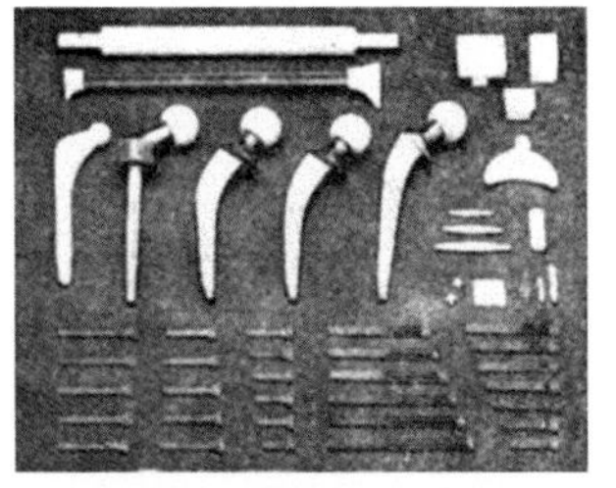

고강도(高强度) 고인성(高引性) 세라믹스

종래의 세라믹스는 잘 깨어지는 성질이 결점이나, 근년 PSZ-CaO, PSZ-Y₂O₃, ZrO₂-Al₂O₃를 이용하여 매우 여물고 잘 늘어나는 재료를 개발하였다.

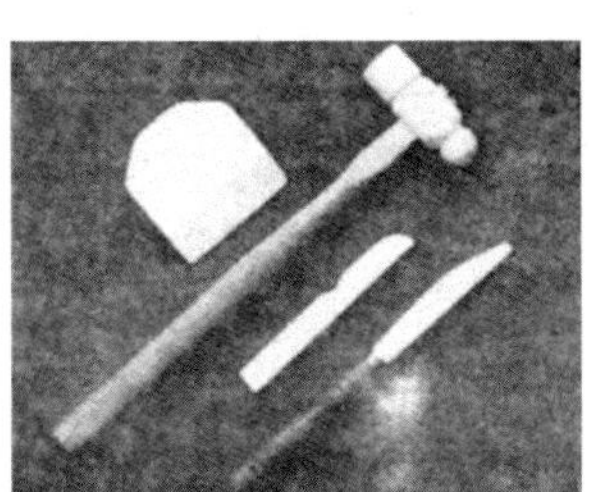

〈세라믹의 기능과 응용 관련도〉

기능의 분류	산화물세라믹			비산화물세라믹		
	기능	재료	응용과 관련	기능	재료	응용과 관련
전기 전자적 기능	절연성	$Al_2O_3 \cdot BeO$	기판	절연성	C, SiC	기판
	유전성	$BaTiO_3$	케파시티	도전성	$SiC, MOSi_2$	발열채
	압전성	$Pb(Zr_2, Ti_{1-2})O_3$	발진자.착화소자	반도성	SiC	바리스터, 피뢰기
		ZnO, SiO_2	표면 탄성파 지연소자	전자 방사성	LaB_6	전자총용 음극
	자성	$Zn_{1-2}Mn_2$	기억.연산소자			
		Fe_3O_4	자심			
	반도성	SnO	가스센사			
		$ZnO-Bi_2O_{32}$	베리스터			
		$BaTiO_3$	저항소자			
	이온 전도성	$\beta\text{-}Al_2O_3$	전지			
		안정화 ZrO_2	산소센사			
기계적 기능	내마모성	$Al_2O_3 \cdot ZrO_3$	연마재.지석 절삭공구	내마모성	B_4C, Diamond	내마모재,지석
	절삭성			절삭성	C-BN WC,TiN	절삭공구
				강도기능	Si_3N_4,SiC	엔징,내열
					사이아론	내식재료, 공구재
				윤활기능	C, MoS_2, h-BN	고체윤활재 이형재
광학적 기능	형광성	$Y_2O_2S : Eu$	형광체	투광성	AlON, N 함유 유리	창재
	투광성	Al_2O_3	Na-램프 외투관	광반사성	TiN	집광재
	편광성	PLZT	광학편광소자			
	도광성	SiO_2 다성분계유리	광통신섬유			
열적 기능	내열성	Al_2O_3	내열구조재	내열성	SiC, Si_3N_4 h-BN, C	각종 내열재
	단열성	$K_2O \cdot nTiO_2$ $CaO \cdot nSiO_2 ZrO_2$	단열재		C, SiC	각종 단열재
	전열성	BeO	기판	전열성	C, SiC	기판
원자력 관련 기능	원자로재	UO_2	핵연료	원자로재	UC	핵연료
		BeO	감속재		C, SiC	피복재
					C	감속재
					BC	제어재
생화학적기능	치골재	Al_2O_3, $Ca_5(F,Cl)P_3O_{12}$	인공치골	내식성	$h-BN, TiB_2$	증착용기
					Si_3N_4, 사이아론	펌프재. 타각종
	담체성	SiO_3, Al_2O_3	촉매담체		C, SiC	내식부재

사

슬래그(slag), 광재(鑛滓)

광석을 녹여 제철한 후에 남는 찌거기를 말하며, 즉 녹은 광석에서 금속은 무거우니 가라앉고, 그 위에 떠 있는 유리질인데, 조성은 SiO_2, Al_2O_3, Na_2O, K_2O, CaO, MgO 등 비금속 산화물로 되어있다.

실리카(silica)

성분이 SiO_2인 물질을 실리카(silica), 또는 규산(硅酸)이라 한다.

실리카질의 원료에는 무정형의 규석과 결정질인 수정이 있으며, 광물학적으로는 석영이라 한다.

실요(室窯; chamber kiln)

소성실을 여러 개 붙여 만든 가마이다. 등요처럼 여열 이용을 하는 반연속 가마이나 통풍을 위해 굴뚝을 높이 쌓아야 한다.

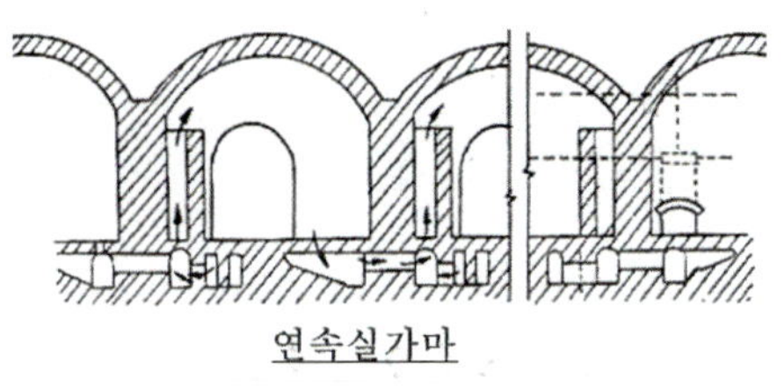

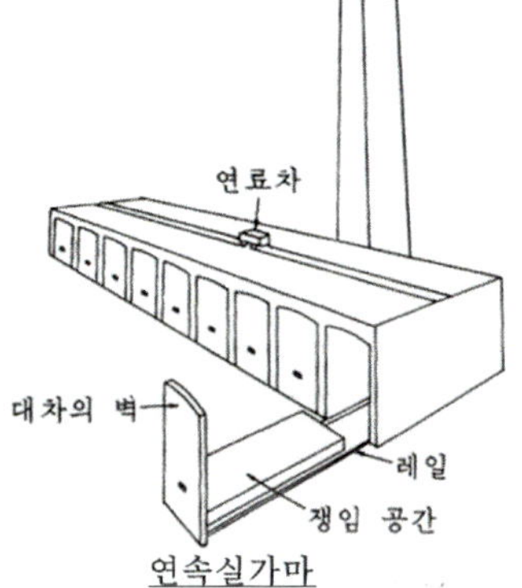

심수관(沈壽官)

1598년 정유재란 때 조선에서 일본으로 납치되어 가서 일본 가고시마 현에서 사쓰마야키(薩摩焼)를 개요 한 심당길(沈當吉)의 후손으로 제12대 심수관(1835년~1906년) 이후의 역대 도예가를 말한다.

아

아리다야끼(有燒燒)

일본 사가현(佐賀) 아리타(有田)에 있는 도요(陶窯)로, 임진왜란 때 납치되어간 이삼평(李參平)이 1604년 백자생산을 성공하게 되니, 석기 제조에 머물던 일본도자기 업계에 크게 충격을 주었다. 그 후 아리다는 일본 제1의 제도소로 성장하게 되었으며, 불과 50년이 지난 1657년에 유럽으로 수출하게 되니, 세계적인 요업국의 토대를 마련하게 되었다. 이는 明이 淸으로 왕조가 바뀜에 외국선박을 중국 본토에 접안(接岸)하지 못하게 하였으므로, 유럽 상인들이 일본에서 중국 도자기의 모조품을 사서 가게 된 것이다.

알루미나(alumina)

천연산의 순수한 알루미나(Al_2O_3)는 드물고 공업적으로 이용되는 알루미나 원료는 천연산의 알루미나 수화물인 다이어스포어(diaspore:$Al_2O_3 \cdot H_2O$), 보크사이트(bauxite), 깁사이트(gibbsite) 등이 있으며, 이들을 가열하면 탈수되어 저급수화물과 무수물을 거쳐 $\alpha\text{-}AL_2O_3$가 된다. 공업용 알루미나는 비중이 약 3.9인 백색 분말이며, 용융점은 2050℃이나 소결은 이보다 낮은 1700~1800℃에서 한다.

순수한 알루미나는 고온에서의 전기 절연성을 이용하여 점화전 애자나 고온 절연체인 알루미나자기 등의 특수 도자기의 재료로 이용될 뿐 일반 도자기에서는 알루미나 성분의 공급은 카올린에서 한다.

알루미나자기

알루미나를 85%에서 95%까지 함유하는 자기를 알루미나자기라 한다. 기계적강도나 내열성 등 성질이 우수하여 특수분야에 이용되고 있다. 이용 분야를 보면 다음과 같다.

〈알루미나자기의 응용〉

내화물 응용	기계적 응용	생물 · 화학적 응용	전기적 응용
연소보드	절삭공구	내산 밸브	스파킹 플러그 절연체
도가니	사도	밸브 시트	진공튜브 용기
증류기	노즐	내산 펌프	응축기 축
열교환기	밸브 시트	인공 뼈	축전지 코아
광고온계 튜브	붙쇄 볼	인공 치근	베어링 통
발열소자	베어링	–	IC 기판

압려기(壓濾機; filter press)

볼밀(boll mill)에서 습식 미분쇄 된 슬립에서 물을 짜내는 탈수 장치를 압려기라 한다.

슬립을 밀어 넣는 압송 펌프가 있어야 하며, 부품으로는 여과판(濾過鈑)과 여포(濾布)가 있다.

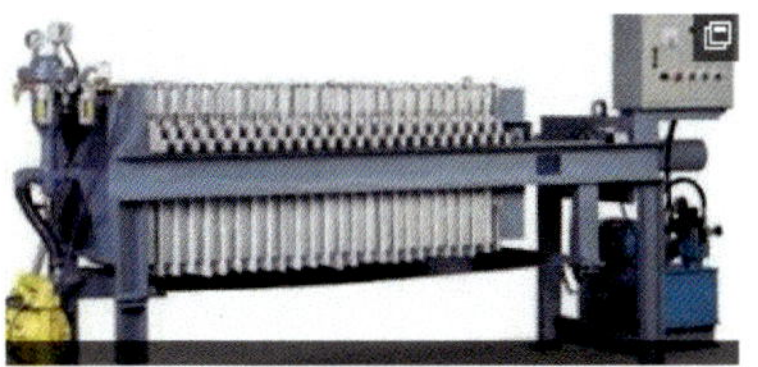

압려기의 여과판에 끼워진 여포자락 오른쪽 아래 장치가 압송 펌프이다.

여과판(filter plate)

지름 50cm 정도 크기의 원형(각형도 있음) 금속판에 홈이 파여 있고 여기에 여포(거름 천) 2장을 끼워 이 안에서 물을 짠다.

여포(filter clouth)

압려기의 거르개 역할을 하는 두꺼운 천을 여포(濾布)라 한다. 오른쪽 그림 좌측의 장치는 여과판에 끼워진 여포 자락이 밑으로 처져 있는 모습이다.

압려기(필터 프레스, 왼쪽)와 필터케이크(오른쪽)

필터 케이크(filter cake)

압려기에서 물을 짜낸 판 모양의 소지토를 필터 케이크라 한다.
앞 쪽의 그림에서 우측에 비닐로 싸인 판형의 물질이 필터 케이크이다.

압출성형(壓出成形)

진공 토련기 앞에 단면이 기물 모양
으로 된 구금(口金)을 통해 연속적으로
밀려 나오면 일정한 길이로 끊어 만드
는 성형법으로 기와나 벽돌생산에 많
이 쓰인다.

압출성형기

기와구금(왼쪽)과 벽돌구금(오른쪽)

애자(碍子)

전주나 변압기 등 전기용으로 쓰이
는 도자기 제품을 애자라 하고, 전선의
접촉이나 보호를 위하여 끼우는 도자
기 관을 애관이라 한다.

약토(slip clay)

산화철 등 용제 성분을 많이 함유하여 한 가지 원료만으로도 SK5~10
에서 완전히 용융하므로 옹기용 유약으로 이용되는 점토를 약토라 한다.

에스케이(SK)

제겔콘 번호 앞에 SK를 붙여 내화도를 나타낸다. 예로 SK10은 1300℃
를 나타내며, SK10은 도자기 소성온도이다. (제겔콘 번호는 54쪽 참조)

에지 러너(Edge runner)

두 개의 돌 바퀴 밑에 조분쇄 된 원료를 넣어 돌려 더욱 작은 알갱이로 분쇄하는 중간분쇄기이다.

이는 굵은 알갱이에서 미립의 알갱이가 고루 섞여 있으므로 2~3mm 이하의 작은 알갱이로 채로 쳐서 볼밀 조합에 쓴다.

에지러너

에이치사야 (H사야)

H자 모양의 사야(sagger)이다.

사야라는 말은 내화갑(耐火匣)이라는 뜻이었는데, H사야는 붕판에 기둥이 붙은 것이니 내화갑과는 모양이나 역할이 다름에도 재료와 작업이 같음인지 사야의 자리를 차지하게 되었다.

여요(汝窯)

허난성 여주(汝州: 지금의 臨汝縣)에 있었다 북송시대 우수한 청자를 구워낸 도요로, 북송 말기인 정화(政和)·선화(宣和) 연간에 궁중의 어용품(御用品)을 구워낸 도요로, 그 제품은 일찍이 없던 일품(逸品)이었으며, 남송 시대에는 이미 그 유품을 구하기가 힘들었다고 한다.

연단(minium, red lead), 광명단

분자식이 Pb_3O_4이고 비중이 9.0~9.2인 적색 분말로서, 500~530℃에서 분해하여 리사지가 된다. 시판되는 연단은 Pb_3O_4가 75%, PbO가 25% 정도로 되어 있다. 이처럼 순수한 연단을 얻기 어려우므로 PbO가 상당히 포함되어 오렌지색으로 보이는 것을 광명단이라고도 한다.

연백(white lead)

염기성 탄산납($2PbCO_3 \cdot Pb(OH)_2$)으로 비중이 6.7인 백색 분말이다.

연백은 유약의 납 원료로는 타일이나 도자기 제조에서 가장 많이 사용되고 있다. 그 까닭은 순도가 높고 알갱이의 크기가 미세하여 물속에서의 분산성이 우수하여 다른 성분의 원료와 혼합이 잘되며, 용융이 빠르고, 균일한 프릿과 균일한 생유약을 얻기가 쉽기 때문이다.

연유(鉛釉, 납유)

원료로 장석 규석을 주원료로 하고 매용제로 산화납을 많이 사용한 유약이다. 옛날에는 장석유 대신 회유(灰釉)에 산화납을 넣었다.

연질자기

경질자기에 비하여 융제를 많이 사용하여 낮은 온도에서 소성하는 자기이다. 연질자기는 프릿자기, 골회자기, 페리안자기, 빌리이크자기 등이 있다.

연화(軟化)

소성품이 찌그러지기 시작하는 시기나 변형한 상태를 말한다. 자화의 상태를 지나면 소지 안에 유리질이 너무 많이 생겨 변형이나 부플음이 생긴다.

열전쌍(熱傳雙, thermo cuple)

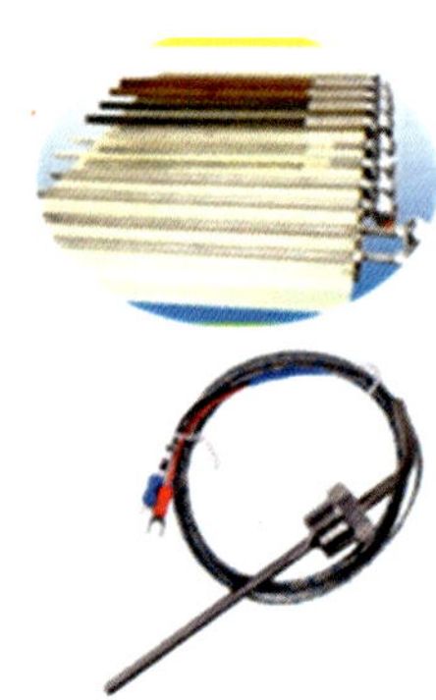

두 가지 다른 금속을 붙인 접점을 고온부에 넣으면 기전력이 생겨 전류가 흐른다. 이를 이용하는 장치를 열전쌍 또는 열전대(熱傳對)라고도 한다. 두 금속의 접촉을 방지하기 위하여 두 구멍의 작은 애관이 여러개 끼워져 있으며, 이들을 보호하기 위하여 알루미나질의 관에 넣어 전원 연결용의 터미널이 장치되어 있다.

도자기 참구이 용의 열전쌍에는 백금(Pt)과 백금-로듐(Pt-Rh) 합금을 사용하며, 저온용에는 구리(Cu)와 콘스탄탄(Cu와 Ni의 합금)이 쓰이며 1200℃ 이상에서는 불안정하다.

염부(染付)

청화백자에 사용한 청색의 착색료인 코발트염(오수 또는 회회청)으로 그려진 그림을 염부라고 한다.

옆불꽃식가마(橫炎式窯)

불꽃의 이동방향이 아궁이에서 옆으로 이동하여 굴뚝으로 나가는 형식을 말하며. 횡염식가마(橫炎式窯)라고도 한다.

오톤추(orton cone)

미국의 오톤이라는 사람이 만든 고온 측정용의 추로 모양과 사용 방법은 제겔추와 같다. 제겔추와 오톤추의 온도 비교표 참고(p. 54).

와목점토(蛙目粘土)

화학조성은 $Al_2O_3 \cdot 2SiO_2 \cdot 2H_2O$이고, 자토화현상에서 보듯 생성과정에서 유리(遊離) 규산이 생기는데, 이 규산 덩어리가 개구리 눈알처럼 보인다고 하여 붙여진 이름이다. 불순물이 적어 고급도자기에 쓰인다.

왕수(王水)

질산(NH_3)과 염산(HCl)을 1:3으로 혼합한 용액을 왕수라고 한다. 금은 왕수에는 녹으나 다른 용액에는 녹지 않는다.

요변현상(窯變現象)

가마 안에서 불의 변화에 의한 미적 효과를 기대하는 사람들이 요변 또는 불의 조화라는 말을 쓴다. 옛날 도자기에서는 많이 볼 수 있는 현상이지만 지금의 양산공장에서는 적용되지 않는 말이다.

요업(窯業)

요로에서 고열 처리하여 만드는 제품공업을 요업이라 한다.

요업에는 도자기, 유리, 시멘트, 내화물, 법낭, 연마지석 등이다.

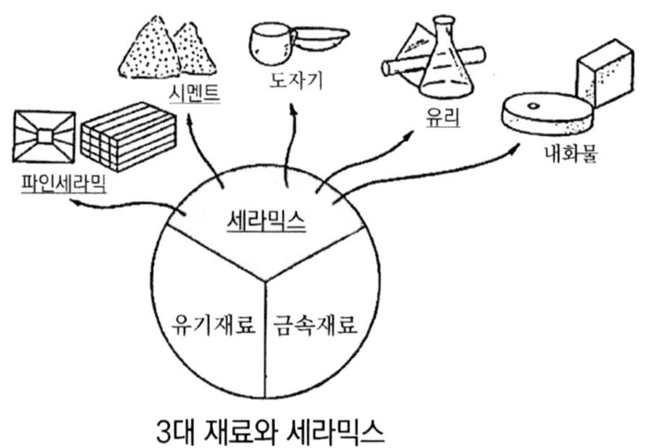

3대 재료와 세라믹스

요주요(耀州窯)

중국의 섬서성 동천시 황보진을 중심으로 발달한 청자 가마로 석탄을 주연료로 사용하여 황록·갈록색을 띠는 청자를 생산했다. 모란, 연화, 파도, 물고기 등의 문양을 예리하게 양각한 것이 특징으로 당 말기에 시작해서 송대에 전성을 누리다가 원 말기에 쇠퇴했다.

용천요(龍泉窯)

용천요는 현재의 절강성 용천시를 중심으로 한 넓은 지역에 분포하였으며, 중국 역사상 단일 요장으로 가마의 숫자가 가장 많은 곳이며, 송~명

시대에 청자를 많이 구워 중국 각지뿐만 아니라 동아시아, 동남아시아, 서아시아, 아프리카 등에 수출되었다.

운모(雲母)

운모 족에는 견운모(絹雲母: sericite)와 백운모, 흑운모 등 여러 가지가 있는데, 견운모는 운모의 대표 광물로 알갱이가 미세하고 겉면이 매끈하여 비단과 같은 광택을 내는 물리적인 특성이 있어 견운모라 하며 이 때문에 가끔 활석으로 오인 되는 수도 있다. 견운모의 화학식은 $K_2O \cdot Al_2O_3 \cdot 6SiO_2 \cdot 2H_2O$이다.

월주요(越州窯)

중국 절강성 월주 지방에서 운영되던 가마이며 전국시대 이 지방을 월국(越國)이므로, 월과 월주에서 이름 지어진 동양 최고의 도요(陶窯)이다. 기원전 진(秦)나라 때부터 북송 시대에 이르는 긴 기간 동안 청자를 생산했다. 서역의 디자인을 채용하여 만든 천계호(天鷄壺) 등의 조형적인 작도(作陶)도 보이고 유색이 아름다운 청록색을 내는데, 성공하여 중국자기의 원류, 송 시대 이전의 중국 도예의 대표로 되었다.

위생도기(衛生陶器)

가정용 도기에 비하여 소지에 장석을 많이 쓰며, 소량의 석회석을 넣는 경우도 있다. 주로 주입법에 의하여 성형하며, 시유한 다음 1200 ~ 1280℃에서 소성한다.

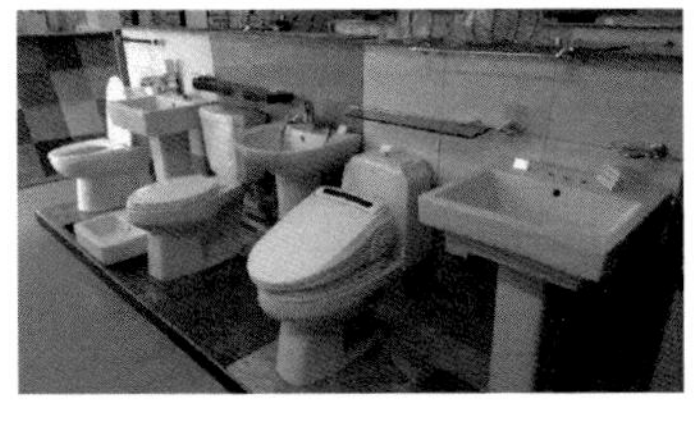

일반적으로 제품이 대형이므로 소지가 두꺼워서 건조 균열의 발생률이 높으므로 습도와 온도를 조절한 습식 건조를 한다.

유도법(流塗法)

유약 슬립을 그릇으로 퍼서 기물 위에 부어 흘
려 보내면서 시유하는 방법이다. 흘려바르기라고도
하며 기와 등의 시유에 쓰인다.

웨지우드(Wedgewood)

영국의 세계적인 도자기 공예가인 조지아 웨지
우드가 1759년에 설립하였고, 로얄덜튼사와 함께
세계적인 제도(製陶)회사이다.

부조장식을 한 여왕소와 1812년 본차이나
(Bone China)를 최초로 개발한 회사로도 유명하
다. 주로 고급 식기, 티웨어를 제조하고 있다.

유상안료(釉上顔料, over glaze coulor)

자기 본소를 마친 유약 위에 그림을 그려 다채색의 색회 도자기를 만드
는데 사용하는 윗 그림용의 채색료를 말하며, 윗그림 채색료라고도 한다.

윗 그림은 850℃ 정도의 낮은 온도에서 소성하므로 융제(flux)를 많이
섞어 사용해야 한다.

〈윗그림 채색제의 조합 예〉

	연백	프럭스	규석	산화제2철	산화안티몬	산화동	2산화망간	산화코발트
황색	47	30.5	20	2.0	0.5	–	–	–
연청	18	66.5	14	–	–	1.52	–	–
녹색	53	24.0	18	–	–	5.0	–	–
자색	15	71.5	12	–	–	–	1.5	–
청색	50	25.0	23	–	–	1.0	–	1.0

〈윗그림 채색용 융제(플럭스)의 조합 예〉

번호	연단	규사	붕사	붕산	용도
1	76	25	-	-	황색, 갈색, 철적색, 기타용
2	66	23	11	-	흑색, 청색, 철적색, 갈색, 기타용
3	70	10	-	20	황색, 갈색, 크롬록, 청색
4	38	15	-	50	동록, 하늘색, 코발트청
5	35	-	-	65	상동

유하안료(釉下顔料, under glaze coulor)

생소지 또는 초벌구이 된 소지 위에 그림을 그리고 그 위에 유약을 발라 소성하므로 유하안료라 한다. 자기 참구이는 소성온도가 1,300℃로 높으므로 산화물을 그대로 사용하여도 되지만 발색 금속 산화물에 광화제 희석제 등을 넣어 안정화시킨 채색료를 많이 사용한다.

〈금속 원소의 발색〉

금속 원소	색 상	금속 원소	색 상
철 (Fe)	적, 황, 차, 갈, 녹, 청, 흑	크 롬 (Cr)	황, 록, 적, 핑크, 갈
동 (Cu)	청, 록, 적	바나듐 (V)	황, 록, 청, 흑
코발트 (Co)	청, 핑크	우라늄 (U)	황, 흑
니 켈 (Ni)	황, 록, 갈, 청, 회, 적, 자	카드뮴 (Cd)	황, 적
망 간 (Mn)	갈, 자, 핑크	안티몬 (Sb)	황, 적
		금 (Au)	핑크, 금, 적

유리(琉璃, 瑠璃, glass)

유리란 석영, 탄산나트륨, 석회석을 원료로 하여 높은 온도로 녹여 만든 물질로 정의되며, 초자(硝子), 파리(玻璃), 글라스(glass)라고도 한다. ASTM(American Society For Testing Materials)에서는 유리를 "용융체를 냉각할 때 결정을 석출하지 않고 고화(固化)하는 무기물질(無機物質)"이라고 정의하고 있다.

유리의 주성분은 SiO_2이고, 주성분인 SiO_2의 원료는 모래와 규석이다.

병유리 창유리 식기류 등 보통유리는 모래를 쓰지만, 크리스탈 유리나 광학유리처럼 고급유리는 철 함량이 적은 규석을 사용해야 한다.

SiO_2만으로 만든 유리가 가장 이상적이지만 내화도가 높아 잘 녹지 않기 때문에 약간의 융제인 소다회와 청징제인 아비산과 초석을 넣어 녹여 기물을 만든다.

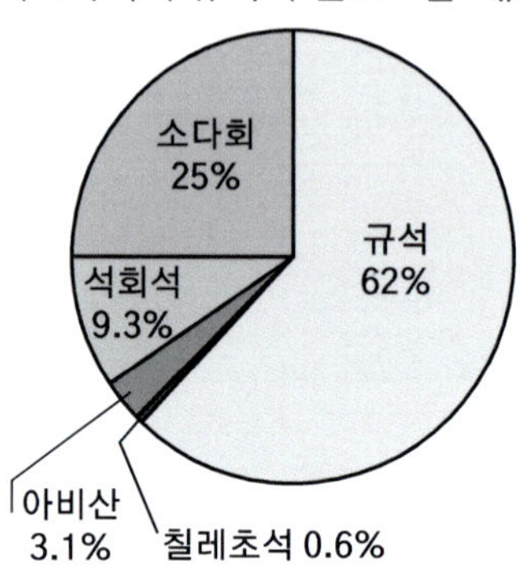

유약과 유리의 차이는 Al_2O_3가 유리보다 유약에 많고 녹이는 방법이 다를 뿐 본질은 같다. 유리에도 알루미나 성분이 많이 들어 있는 내열성이 큰 알루미나 규산염 유리도 있다.

유리홍(釉裏紅)

유리홍은 산화구리에 의한 진사채의 붉은 색 자기이며, 유리홍자기는 14세기에 들어와서 원(元) 대에 청화자기 제작과 함께 유행하였다. 원 나라 강남지역(경덕진 포함)이 전란에 휩싸여 청화 안료의 수입이 중단되었을 때 유리홍이 이를 대체하여 청화자기보다 유리홍자기가 더 많이 제작되었다.

서양에서는 언더 글레이즈 레드(under glage red)라 하였고, 송·명 대의 염화수은인 진사(辰砂)의 색과 유사하다 하여 진사채라 하였다.

유백유(乳白釉)

유약 안에 흰색의 알갱이나 결정질의 물질로 반사 굴절 분산하여 우유빛으로 백탁시킨 유약을 유백유라 하고 백탁시키는 물질을 유백제(乳白劑)라 한다.

유백제(乳白劑)로는 지르콘, 산화티탄, 형석, 산화지르코늄 등이 쓰이나, 지르콘($ZrSiO_4$)이 가장 널리 쓰이고 있다. 저온 유약인 법랑 유약에는 석백유와 안티몬백유가 쓰이고 있다.

유 벗겨짐

유약이 벗겨지는 현상으로, 유약이 두꺼 울 때나 사유 전에 기물 표면에 먼지나 기름 이 묻었을 때 생긴다. 앞의 경우 시유 한 다음 갈라짐이 보일 때는 손으로 문질러주면 될 때도 있다.

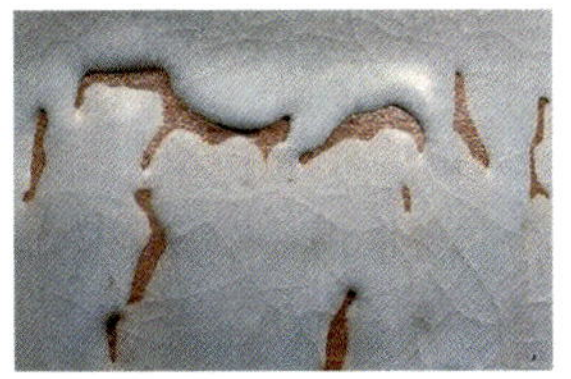

유소(釉燒)

유약구이라고도 하며, 도기 만들 때 1차 굳힘구이(1150~1250℃) 한 반제품 위에 유약을 바르고 산화불꽃으로 (굳힘구이 온도보다 낮은 1050~1150℃ 에서) 소성하는 도기의 2차 소성을 유약구이 또는 유소라 한다.

유식(釉式)

유약의 조성을 다음의 도식과 같이 앞에는 염기성 산화물(CaO, MgO, Na_2O, K_2O)의 합을 1로 하고, 중간에는 중성산화물인 Al_2O_3를, 끝에는 산성산화물(SiO_2. B_2O_3)을 화학 당량 비로 나타낸 식을 말하는데 제겔이 고안한 방법이므로 제겔식이라고도 한다. 분자량에 g을 붙인 것을 1당량 이라고 한다.

$$\left.\begin{array}{l} 0.12\ K_2O \\ 0.19\ Na_2O \\ 0.69\ CaO \end{array}\right\} \quad 0.37\ Al_2O_3 \quad \left\{\begin{array}{l} 2.17\ SiO_2 \\ \\ 1.16\ B_2O_3 \end{array}\right.$$

〈유식〉

유약((釉藥)

도자기 표면에 입혀진 유리질을 유약이라 하며, 유액(釉液) 또는 유(釉)

라고도 한다.

유약과 유리의 다른 점은 유약에는 일반적으로 Al_2O_3 성분이 많이 들어 있을 뿐이다. 그래서 유약의 내구성이 유리보다 더 높다. 도자기의 종류에 따라 락소유(樂燒釉)·도기유·석기유·자기유로, 매용원료에 따라 장석유·석회유·활석유로, 매용원료의 특수 성분에 따라 납유·붕산유·부리스톨유 등으로, 제조 방법에 따라 생유·프릿유·증발유로. 색과 모양에 따라 투명유·백유·색유·매트유·반매트유·결정유 등으로도 나눈다.

유식(釉式) 도표

미국에서 사용되는 유약 성분의 평균치를 당량비로 나타낸 표이다.
(홀셔와 와트의 유식도표 참조, p.143)

유적유(油滴釉)

철유(鐵釉)로 비교적 두껍게 바른 유약이 소성 중에 어떤 온도에 이르면 연화하기 시작하면서 소지나 유약에서 발생 된 기체 성분이 팽창하여 유약 면에 올라오게 하고, 유약이 녹으면 기포가 파열하여 기름이 떨어진 것처럼 보이게 한 유약이다.

〈유적유의 조합 예〉

장석	석회석	활석	규석	산화철	탄상망간
65.93	3.95	4.74	25.38	7 ~ 9	0 ~ 5

 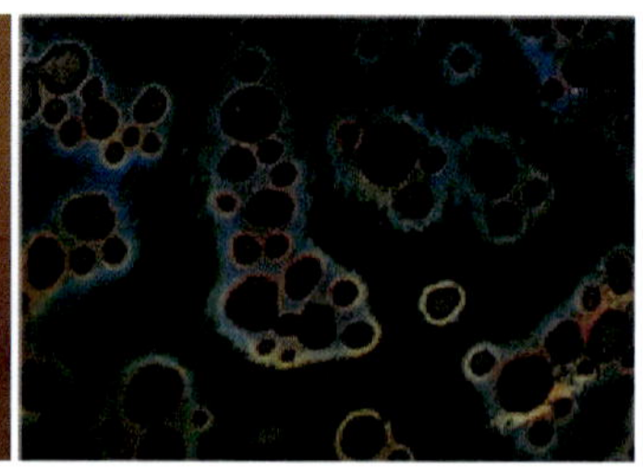

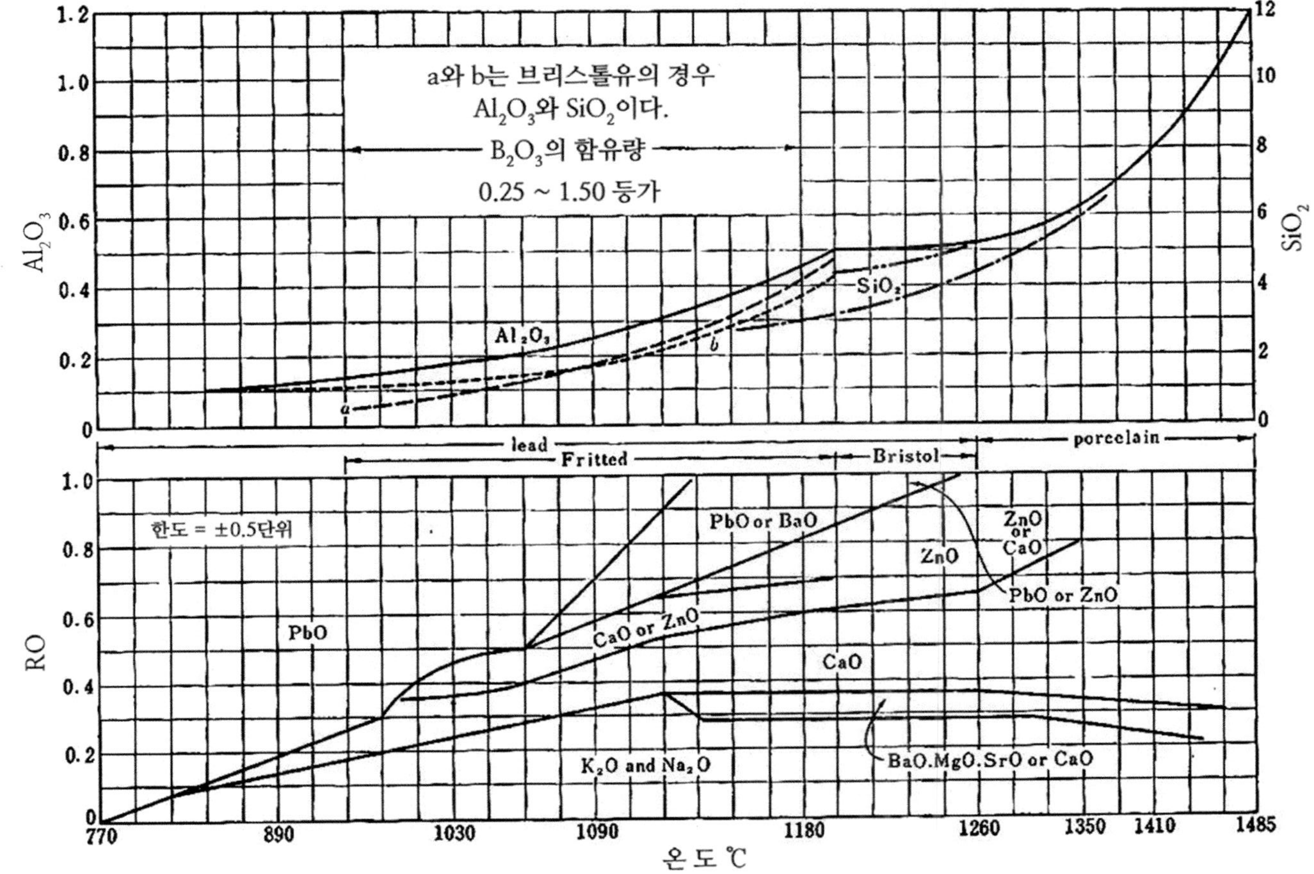

〈홀셔(Holscher)와 와트(Watts)의 유식(釉式) 도표〉

유흐름, 유수하(釉垂下)

유약이 흘러내린 결점을 말하
며, 유수하(釉垂下)라고도 한다.

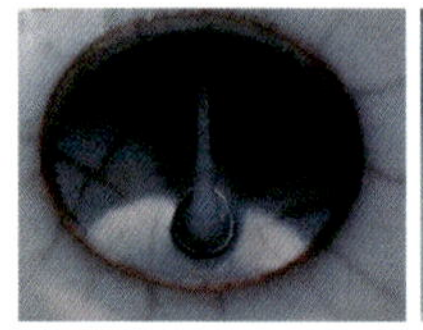 

응교제(凝膠劑)

슬립의 점도를 높게 하거나 원료 알갱이끼리 엉키게 하여 침전 속도를 촉
진 시킬 목적으로 첨가하는 물질을 응교제라 한다. 도자기 공업에서 많이
쓰이는 응교제는 황산마그네슘 ($MgSO_4 \cdot 7H_2O$)과 염화칼슘($CaCl_2$)이다.

이도소(二度燒)

자기 소성에서 초벌구이 다음 본소를 한 제품을 이도소라 한다.
연료비는 많이 들어간 대신 제품이 좋다는 것을 자랑으로 하는 용어이다.

이도자완(井戶茶碗)

일본에서 명품으로 인정되는 주발로, 15세기경 조선에서 만들어진 것
으로 전해지고 있을 뿐 누가 어디에서 만든 것인지는 기록이 없다.

이마리야끼(伊萬里燒)

아리타(有田)에서 생산되는 자기를 이마리야끼(伊萬里燒)라고도 하는
데, 그 이유는 아리다에서 12km 정도 떨어진 이마리(伊萬里) 항구에서 유
럽과 일본 각지로 출하(出荷)하였기 때문이다.

이삼평(李參平)

임난(壬亂) 때 납치되어 가서 일본 구주(九州) 아리다(有田)에서 처음으
로 백자를 개발한 도자기의 명장(名匠)이다. 아리다야끼(有田燒)의 창시자
이다.

이성체(異性體), 이성질체(異性質體)

화학식은 같으나 결합구조와 성질이 다른 물질을 이성체 또는 이성질체, 동질다상이라 한다.

예를 들어, 석영과 수정은 화학식은 SiO_2로 같으나, 결합구조가 다르다. 또한 카오리나이트나 할로이사이트의 화학식은 $Al_2O_3 \cdot 2SiO_2 \cdot 2H_2O$이나 결정구조가 다르고, 같은 카올린질이라도 점토처럼 성질이 다름을 볼 수 있다.

1차 공기(一次空氣)

연소용 공기로 연료와 함께 공급되는 것을 1차공기라 하고 완전연소를 위해 부족분을 보충하는 공기를 2차공기라 한다.

예를 들면 불판연소시 불판 밑에서 들어가는 공기나, 버너연소시 분사용의 공기를 1차 공기라 하고, 완전연소를 위해 아궁이 등 다른 곳에서 보충하는 공기를 2차공기(二次空氣)라 한다.

1차 카올린(一次 Kaoline)

모암의 위치에 그대로 있는 고령토를 1차 카올린 또는 잔류 카올린이라 한다.

2차 카올린 (二次 Kaoline)

카올린화된 토상 광물이 바람이나 물에 의하여 모암의 위치에서 멀리 이동하여 생성된 점성의 광물을 2차 카올린이라 한다.

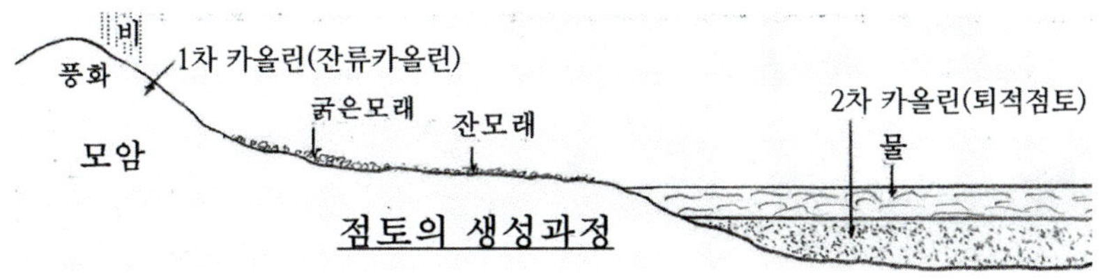

임진왜란(壬辰亂)

유럽 도자기 역사에서 독일 마이센의 제도(製陶) 기술이 블란서의 세이블로 넘어간 계기가 된 1756년에 발발한 유럽의 7년 전쟁을 도자기전쟁이라고도 하는데, 이를 인용하여 일본 역사에서는 흔히 임진왜란(壬辰亂)을 도자기전쟁이라 말한다. 그러나 임진왜란은 도공만이 아니라, 금공(金工), 석공(石工), 목공(木工) 세공품을 만들 수 있는 장인은 물론 선진문물의 약탈을 위한 전쟁이었다.

우리나라에서 볼 수 없는 조상의 문적을 일본 자료를 인용한 서책이 계속 출간되고 있음을 볼 수 있다.

입도분리(粒度分離)

고체, 액체 및 기체의 여러가지 조합으로 이루어진 혼합물에서 각 물질을 분리하는 것을 입도분리라 한다.

분리 방법으로는 사별법(篩別法), 수파법(水簸法), 풍비법(風飛法)이 있다.

사별법(篩別法)

여러가지 크기의 분체 혼합물을 체[篩]를 이용하여 2종 또는 그 이상으로 나누는 조작을 사별법 또는 체가름(screening)이라 한다.

〈p.147 표준 체 크기〉 참조.

진동체

수파법(水簸法)

고체 알갱이가 물 속에서 굵은 알갱이는 빨리 가라앉고, 알갱이가 작을수록 가라앉는 속도가 느려지는 스토크의 법칙에 따라 입도 분리를 하는 방법이다. (p121 스토크의 법칙 참고)

〈표준 체 크기〉

KS (한국)		ASTM (미국)		Tyler (영국)		DIN (독일)		BESA (프랑스)	
호칭 (μm)	체눈의 크기 (mm)	호칭 (메시)	체눈의 크기 (mm)	호칭 (메시)	체눈의 크기 (mm)	호칭 (mm)	체눈의 크기 (mm)	호칭 (메시)	체눈의 크기 (mm)
—	—	—	—	—	—	—	0.04	0.04	—	—
44	0.044	No. 325	0.044	325	0.043	0.045	0.045	—	—
—	—	—	—	—	—	0.05	0.05	—	—
53	0.053	No. 270	0.053	270	0.053	0.056	0.056	300	0.053
62	0.062	No. 230	0.062	250	0.061	0.063	0.063	240	0.066
74	0.074	No. 200	0.074	200	0.074	0.071	0.071	200	0.076
—	—	—	—	—	—	0.08	0.08	—	—
88	0.088	No. 170	0.068	170	0.068	0.09	0.09	170	0.089
105	0.105	No. 140	0.105	150	0.104	0.1	0.1	150	0.104
125	0.125	No. 120	0.125	115	0.124	0.125	0.125	120	0.124
149	0.149	No. 100	0.149	100	0.147	—	—	100	0.152
—	—	—	—	—	—	0.16	0.16	—	—
177	0.177	No. 80	0.177	80	0.175	—	—	85	0.178
210	0.21	No. 70	0.21	65	0.208	0.2	0.2	72	0.211
250	0.25	No. 60	0.25	60	0.246	0.25	0.25	60	0.251
297	0.297	No. 50	0.297	48	0.295	—	—	52	0.295
—	—	—	—	—	—	0.315	0.315	—	—
350	0.35	No. 45	0.35	42	0.351	—	—	44	0.353
420	0.42	No. 40	0.42	35	0.417	0.4	0.4	36	0.422
500	0.50	No. 35	0.50	32	0.495	0.5	0.5	30	0.500
590	0.59	No. 30	0.59	28	0.589	—	—	25	0.599
—	—	—	—	—	—	0.63	0.63	—	—
710	0.71	No. 25	0.71	24	0.701	—	—	22	0.699
840	0.84	No. 20	0.84	20	0.833	0.8	0.8	18	0.853
1,000	1.00	No. 18	1.00	16	0.991	1.0	1.0	16	1.00
1,190	1.19	No. 16	1.19	14	1.168	—	—	14	1.20
—	—	—	—	—	—	1.25	1.25	—	—
1,410	1.41	No. 14	1.41	12	1.397	—	—	12	1.40
1,680	1.68	No. 12	1.68	10	1.651	1.6	1.6	10	1.68
2,000	2.00	No. 10	2.00	9	1.981	2.0	2.0	8	2.06
2,080	2.38	No. 8	2.38	8	2.362	—	—	7	2.41
—	—	—	—	—	—	2.5	2.5	7	—
2,380	2.83	No. 7	2.83	7	2.794	—	—	6	2.81
—	—	—	—	—	—	3.15	3.15	—	—
3,360	3.36	No. 6	3.36	6	3.327	—	—	5	3.35
4,000	4.00	No. 5	4.00	5	3.962	4.0	4.0	—	—
4,760	4.76	No. 4	4.76	4	4.699	—	—	—	—
—	—	—	—	—	—	5.0	5.0	—	—
5,660	5.66	No. 3½	5.66	3½	5.613	—	—	—	—

풍비법(風飛法)

수비법이 물속에서 입도 분리하듯 풍비법은 공기 중에서 가라앉는 속도로 미세알갱이를 분리하는 방법이다. 바람에 날렸을 때 굵은 알갱이는 빨리 떨어지고 작은 알갱이는 멀리까지 날라간다.

자

자주요(磁州窯)

중국 허베이성 한단시 츠현에 위치한 중국 북방 최대 도자기 가마다. 당 말기 9세기경부터 원 말기 14세기까지 백색의 화장토로 칠을 하여 긁어내어 문양을 나타낸 것, 철회구로 문양을 그린 것, 녹유(綠釉)를 사용한 것, 각화 등 여러 가지 기법을 사용한 민간수요용 자기를 다량 생산한 곳이다.

자기(磁器)

자기는 백색에 가깝고 소지의 기공률이 0%에 가깝게 소결된 상태의 기물을 자기라 한다. 여물고 투광성이고 전기적으로 부도체이고 때리면 맑은(쇠) 소리를 내는 등 특성이 있다.

자토(磁土)

글자 그대로 자토는 자기 만드는 흙이며 도토는 도기 만드는 흙이라 하겠으나 옛날에는 도기와 자기가 같은 소지로 같은 가마에서 동시에 나왔으니 도기와 자기의 소지 구분이 되지 않는다. 그러므로 자토나 도토나 고령토나 백토나 모두 도자기를 만드는 흙이라는 뜻이다. (p. 50 고령토 참고)

자토화 현상(磁土化現像)

장석질광물이 풍화작용을 받아 카올린(kaoline)으로 변화하는 현상을 말하며, 카올린화 현상 또는 홍토(紅土)화 현상이라고도 한다.

반응식을 보면 다음과 같다.

$$K_2O \cdot Al_2O_3 \cdot 6SiO_2 + CO_2 + 2H_2O \longrightarrow Al_2O_3 \cdot 2SiO_2 \cdot 2H_2O + 4SiO_2 + K_2CO_3$$

정장석　　　　탄산가스　물 풍화작용　　　카올린　　　　　유리규산 탄산칼륨
(가용성)

* 탄산칼륨은 가용성이므로 물에 용해되어 없어진다.

중국에서는 홍토(紅土)라는 명칭을 많이 볼 수 있지만, 우리나라에서는 홍토라는 말을 잘 쓰지 않는다.

자화(磁化)

도자기 성형체를 소성하는 단계에서 배소와 소결의 단계를 거쳐 기공률이 0인 상태 즉 자기로 변화하는 과정을 말한다.

장석(長石, feldspar)

일반적으로 장석은 용융점이 낮고, 특히 카올린, 석영 등에 대하여 융제(flux) 역할을 하므로 도자기 소지나 유약에 많이 사용한다.

일반식은 $RO \cdot Al_2O_3 \cdot nSiO_2$ 로 나타내고, 이것은 화성암 중에 약 60%를 차지하고 있다.

장석은 도자기 제조에서 규석과 함께 비가소성원료로 분류되며 알카리나 알카리토류족의 상호 치환에 의한 고용체를 형성하므로 순수하게 산출되는 경우는 드물고 장석의 이름을 그 주성분에 의하여 구분한다.

〈장석의 종류와 화학 성분 조성(%)〉

종 류		알카리장석		알카리 토류장석	
		칼륨장석 (정장석)	나트륨장석 (조장석)	칼슘장석 (뢰장석)	바륨장석 (중장석)
화학식		$K_2O \cdot Al_2O_3$ $\cdot 6SiO_2$	$Na_2O \cdot Al_2O_3$ $\cdot 6SiO_2$	$CaO \cdot Al_2O_3$ $\cdot 2SiO_2$	$BaO \cdot Al_2O_3$ $\cdot 2SiO_2$
구조식		$KAlSi_3O_8$	$NaAlSi_3O_8$	$CaAl_2Si_2O_8$	$BaAl_2Si_2O_8$
화학성분(%)	SiO_2	64.70	67.70	43.20	32.00
	Al_2O_3	18.40	19.50	36.70	27.10
	CaO	−	−	20.10	−
	BaO	−	−	−	40.90
	K_2O	16.90	−	−	−
	Na_2O	−	11.80	−	−
종 류		칼륨장석	나트륨장석	칼슘장석	바륨장석
비중		2.56	2.605	2.75	3.43
용융점(℃)		1.220	1.100	1.552	1.715
결정계		단사	삼사	삼사	단사

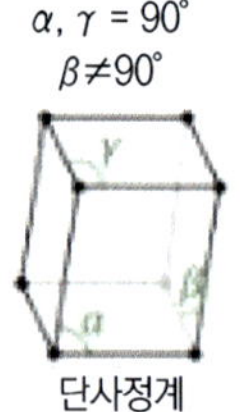

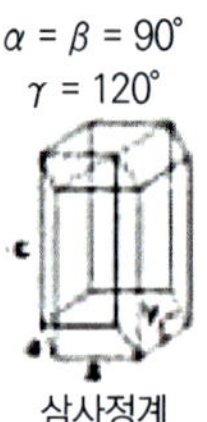

칼륨장석

가장 대표적인 장석으로 정장석(正長石)이라고도 하며, 화학식은 $K_2O \cdot Al_2O_3 \cdot 6SiO_2$이다. 보통 칼륨의 일부가 나트륨이나 칼슘으로 치환되어있다.

나트륨 장석

조장석(曹長石) 또는 소다장석이라고도 하며, 칼륨의 일부가 나트륨으로 더 많이 치환되어있는 경우이며, 화학식으로는 $Na_2O \cdot Al_2O_3 \cdot 6SiO_2$이다.

나트륨장석은 칼륨장석에 비하여 자화 온도를 낮게 하고, 소성 중에 비틀림을 일으키는 경향이 있으며, 점성이 낮은 액상을 형성하므로 도자기 소지보다는 주로 유약 원료로 사용한다.

칼슘장석

칼륨장석(anorthite)은 회장석 또는 석회장석이라고도 하며, 화학식은 $CaO \cdot Al_2O_3 \cdot 2SiO_2$이다. 나트륨을 약간 함유하고 있는데, 일반적으로 나트륨장석의 함유량이 10% 이하의 것을 칼슘장석이라고 한다. 색깔은 대부분이 백색이고, 투명한 것과 불투명한 것이 있다.

바륨장석

바륨장석(celsian)은 중장석이라고도 하며 화학식은 $BaO \cdot Al_2O_3 \cdot 2SiO_2$이다. 다른 장석에 비하여 용융점이 1715℃로 높으므로 장석 원료보다는 바륨 공급 원료로 사용된다.

사장석(plagioclase)

나트륨 장석이나 칼슘 장석의 함유량이 모두 10%이상이 되는 것을 사장석 또는 나트륨 칼슘 장석이라고도 한다. 즉, 칼슘 장석에 비하여 나트륨 장석의 함유량이 많고, 나트륨 장석에 비하여 칼슘 장석의 함유량이 많은 것을 말한다.

리튬장석(petalite)

엽장석이라고도 하며, 화학식은 $LiO \cdot Al_2O_3 \cdot 8SiO_2$이고, 열팽창 계수가 작으므로, 이를 첨가함으로써 석영의 전이에 의한 팽창의 변화를 줄일 수 있어, 열충격에 강한 제품을 만들 수 있다.

하석(霞石)

나트륨 장석의 일종으로 화학식은 $Na_2O \cdot Al_2O_3 \cdot 2SiO_2$이다. 그러나 천연적으로 산출되는 하석은 순수한 것이 없고, 일반적으로 칼륨을 함유하고 있으며 화학식이 $K_2O \cdot Al_2O_3 \cdot 2SiO_2$인 것과 섞여 있다.

장석유(長石釉)

장석을 매용원료로 사용하는 자기 유약을 장석유라 하며, 가장 많이 사용되는 유약의 종류이다.

전사지법

도자기용의 체색료로 인쇄한 그림 종이를 전사지라 하며, 이를 도자기 유약 면에 붙여 장식에 이용하는 방법을 전사지법이라 한다.

두꺼운 종이에 인쇄된 것은 물에 담구어 두었다가 착색제와 니스 등의 내수성 전색제로 인쇄된 부분을 분리하여 기물에 붙이는 방법과 얇은 종이에 인쇄된 것은 자기 유약 면에 젤라친이나 아교 엿 등 점착성 물질을 발라 붙인 후 건조 시키고 그다음 물에 담구어 두었다가 점착제가 녹았을 때 얇은 종이를 벗겨 내는 방법이다.

전이(轉移)

한가지 물질이 성상이 다른 이성체로 이동하는 현상으로, 다음 표는 SiO_2인 석영이 온도 변화에 따라 전이 하는 것을 보여주고 있다.

$$870℃ \qquad\qquad\qquad 1570℃$$
$$\beta\text{-형 석영} \;\rightarrow\; \text{트리디마이트} \;\leftrightarrows\; \text{크리스토발라이트}$$
$$1250℃$$
석영의 전이

절리(切離)

갈라짐이라고도 하며, 소성 후에 눈에 보이게 깨어져 있는 현상으로, 급건조할 때 생기는 경우와 소성할 때 열충격으로 생긴다. 건조할 때 생긴 것은 시유 전에 경유검사를 하여 제거한다.

점토(粘土)

가소성이 큰 토상 광물을 점토라 한다. 도자기에 가장 많이 쓰이는 원료가 고령토인데, 고령토는 가소성이 부족하므로 점토를 넣어 성형성을 좋게 한다. 화학조성은 $Al_2O_3 \cdot 2SiO_2 \cdot 2H_2O$이고 1차 점토인 와목점토보다는 2차 점토인 목절점토가 가소성이 더 크기 때문에 많이 쓰이고 있다. 목절점토는 건조강도나 소성강도를 크게 하나, 불순물이 많아 색이 짙고, 입자가 미세하여 건조수축과 소성수축이 커서 변형 또는 파열하는 결점이 있다. 그러나 와목점토는 가소성은 적으나 불순물(철분)이 적으므로 고급 도자기에 쓰인다.

접착(接着)

소성품이 내화갑이나 기물끼리 붙어 못 쓰게 되는 경우를 말한다.

정화(鄭華)

명나라의 환관, 장군. 1405년~1443년에 걸쳐 대소 249척의 전함에 인

원 2만 7천여 명의 대 함대를 이끌고 인도양을 넘어 페르샤만 호르무스. 아프리카 동해안에 이르는 대 항해를 하면서 세이론군과 전쟁을 하여 굴복시키는 등 중국의 위력을 과시하고 도자기 수출 전진기지 확보를 위하여 7~8회 원정을 한 장군이다. (三上次男, 『陶磁の道』)

재벌구이

초벌구이한 다음 참구이 하여 자기를 굽는 방법을 재벌구이라 하며, 이도소(二度燒), 복소성(複燒成)이라고도 한다.

제점제(除粘劑)

소지토에 점성이 너무 크면 성형하기 어렵고 시유할 때 유약이 잘 안 묻고 건조나 소성 중에 변형으로 깨어지는 등 결함이 있으므로 점성을 줄여주는 원료를 제점제라 한다.

제토(製土)

분쇄, 탈철, 탈수, 토련 등을 하여 성형하기 좋은 상태의 흙으로 만드는 공정을 제토라 한다.

옛날에는 생활 주변에서 나오는 흙을 파서 반죽하여 그대로 썼으나 지금의 도자기 공장에서는 원료를 채광 운반하여, 암석류(장석.규석. 도석 등)는 조분쇄하고, 토상인 카올린과 점토를 배합하여 미분쇄한다.

제형(製型)

물레성형이나 주입성형용 석고틀 만드는 과정을 제형이라 한다. 석고틀에는 원형(原型), 사용형(使用型), 모형(케이스형)이 있다. 그림에서 D는 원형, C는 사용형, B는 모형이다.

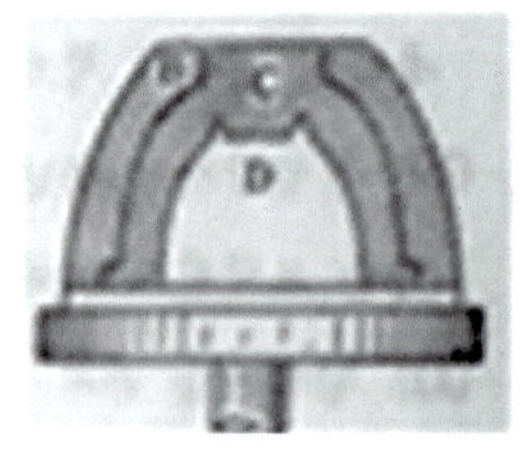

원형(原型)

만들고자 하는 기물의 모양을 석고나 흙으로 만든 조형물을 원형이라 한다. 장식용의 복잡한 기물은 점토로 조소하여 쓰거나 석고틀로 다시 만들어 사용하는 경우도 있지만, 대칭형의 기물은 아래 그림과 같은 간단한 장치를 이용하여 만든다. 공장에서는 기계물레로 깍아서 원형을 만든다.

조각한 원형

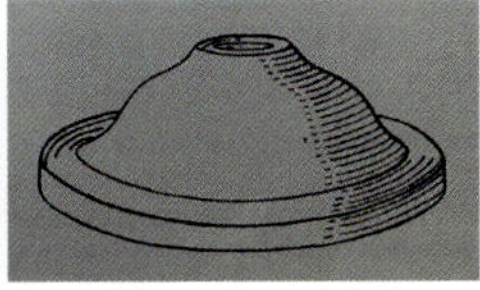
물레로 깍은 대접 원형

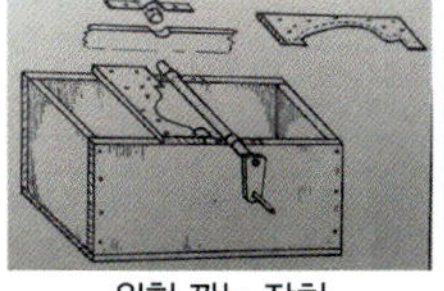
원형 깍는 장치

화병 원형 제작 장면

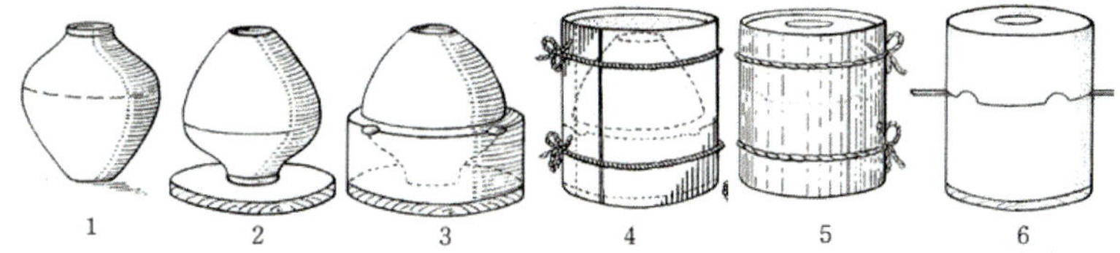

① 원형. ② 원형의 반지름이 가장 큰 부분에 연필로 구획선을 긋는다. ③ 아래에 연토로 채운다.
④ 함석으로 주위를 막는다. ⑤ 원형과 함석 사이 공간에 석고를 교반하여 붓는다.
⑥ 함석을 제거하고 상하 석고틀을 분리하고 원형을 빼내면 사용형이 된다.

사용형(使用型)

성형에 쓰는 틀을 사용형이라 하는데, 원형의 모양에 따라 기물이 잘 빠지게 2쪽 ~ 3.4쪽의 틀로 분할하고 점토와 함석으로 칸막이하며 차례로 원형 주위를 석고를 혼수 교반하여 주입하여 고화시킨 후 이를 분리하여 원형을 빼내면 사용형이 된다.

모형(母型) 또는 케이스형

대량생산으로 석고 틀이 많이 필요 할 때는 같은 석고틀을 뽑는 틀을 만들어야 하는데, 사용형 뽑는 틀을 모형 또는 케이스형이라 한다. 만드는 요령은 사용형을 원형에서 뽑는 요령으로 하면 된다.

조분쇄기(粗粉碎機)

암석질 원료를 2 ~ 5cm 정도의 크기로 분쇄하는 장치로서, 용도에 따라 파쇄물의 크기를 조절할 수 있다. 조분쇄기에는 죠크러셔와 자이러토리 크러셔가 있다. (p.104 분쇄기 참고)

조성식(組成式)

원료나 소지 또는 유약을 이루고 있는 성분을 나타내는 식을 조성식이라 한다. 조성식에는 조합식, 광물 조성식, 화학 당량식, 화학(성분) 조성식이 있다. 소지나 유약을 서로 비교하자면 이들을 계산해야 한다.

〈사용 원료의 화학 조성과 광물 조성(%)〉

성분 / 광물	SiO_2	Al_2O_3	Fe_2O_3	CaO	MgO	K_2O	Na_2O	강열 감량	점토 광물	장석	규석
카올린	48.31	39.07	0.15	0.05	0.02	0.18	0.03	12.09	96.78	1.96	1.26
점 토	49.09	36.74	0.42	0.11	0.20	0.52	0.11	12.81	89.72	7.66	2.62
장 석	64.98	18.04	0.12	0.38	0.21	14.45	1.54	0.33	—	100.00	—
규 석	95.60	0.11	0.12	3.04	—	—	—	1.13	—	4.40	95.60

조합식(組合式)

원료 조합 비율을 중량 백분비(%)로 나타내는 방법이다.

이 방법은 소지 배합에는 편리하나, 카올린, 장석 등 원료에 들어 있는 부수 광물을 모르기 때문에 다른 소지와 비교하기는 곤란하다.

도자기 공장에서 사용하는 소지 배합비의 예를 들면 오른쪽 표와 같다.

〈도자기 소지의 배합비〉

원　　　　　료	중량 비율 (%)
카 올 린 질	69.5
석　　　　영	8.5
장　　　　석	15.5
석　회　석	6.5

이 조합비의 원료는 다음과 같은 순수 광물로 구성되어 있다.

• 카올린: 카올린질 95%, 석영 5%

- 석영: 석영 100%
- 장석: 나트륨장석, 칼륨장석 88%, 석영 2%, 칼슘장석 10%
- 석회석: 탄산칼슘 100%

광물 조성식(鑛物組成式)

소지의 조합을 순수한 광물 조성으로 표시하는 방법이다. 위 원료의 순수 광물 구성비로 소지의 광물 조성비를 계산하면 다음과 같다.

〈광물조성(%)〉

원 료	카올린 + 점토	석영	장석	석회석
합계 100%	66.0	12.3	13.6	6.1

화학 당량식

소지의 조성을 화학 당량비로 나타내는 방법이다.

위 소지의 조성을 화학 당량비로 계산하면 다음과 같다.

〈화학 당량비〉

원 료	SiO_2	Al_2O_3	KNaO	CaO
당량비	0.821	0.280	0.025	0.081
Al_2O_3=1일 때	3.57	1.00	0.089	0.289

Al_2O_3를 1로 하고 다음과 같이 표시한 식을 제게르식이라 한다.

$$\left.\begin{array}{l} 0.089 \ KNaO \\ 0.289 \ CaO \end{array}\right\} \ 1.0 \ Al_2O_3 \cdot 3.57 \ SiO_2$$

화학성분 조성식(化學成分組成式)

소지의 화학성분 백분비로 나타내는 방법이다.

소성 또는 건조한 소지는 일반적으로 화학 성분 조성으로 표시하며, 위의 소지의 화학성분 조성은 다음과 같다.

〈화학성분 백분비(%)〉

성분	SiO_2	Al_2O_3	Fe_2O_3	CaO	MgO	K_2O	Na_2O	H_2O	CO_2
%	52.9	28.9	0.5	4.0	0.2	1.7	0.7	9.1	2.5

〈원료의 분자량 표〉

원료명	분자식	분자량	가우스에 든 성분		계수 (=$\frac{가우스산화물}{원료}$)
			산화물	분자량	
알루미나	Al_2O_3	102.2	Al_2O_3	102.2	1.00
수산화알루미늄	$Al(OH)_3$	78.1	$1/2AL_2O_3$	51.1	0.654
카올린	$AL_2O_3 \cdot 2SIO_2 \cdot 2H_2O$	238.8	Al_2O_3	102.2	0.395
			$2SIO_2$	120.6	0.465
칼륨장석	$K_2O \cdot Al_2O_3 \cdot 6SiO_2$	558.1	K_2O	94.1	0.169
			Al_2O_3	102.2	0.183
			$6SiO_2$	361.8	0.648
나트륨장석	$Na_2O \cdot Al_2O_3 \cdot 6SiO_2$	526.0	Na_2O	62.0	0.118
			Al_2O_3	102.2	0.195
			$6SiO_2$	361.8	0.687
탄산바륨	$BaCO_3$	197.4			0.777
황산바륨	$BaSO_4$	233.4			0.657
붕산	H_2BO_3	61.8			0.564
붕사	$Na_2B_4O_7 \cdot 10H_2O$	381.4	Na_2O	62.0	0.163
			$2B_2O_3$	139.3	0.366
탈수붕사	$Na_2B_4O_7$	201.3	Na_2O	62.0	0.308
			$2B_4O_7$	139.3	0.693
청석탄	$Ca(OH)_2$	74.1	CaO	56.1	0.757
석탄석	$CaCo3$	100.1	CaO	56.1	0.560
인산칼슘	$Ca(PO_4)_3$	310.3	$3CaO$	168.3	0.542
			P_2O_3	142	0.438
형석	CaF_3	78.1	CaO	56.1	0.718
광명단(연단)	Pb_2O_4	685.3	$3PbO$	669.3	0.977
마그네시아	MgO	40.3	MgO	40.3	1.00

자

| 원료명 | 분자식 | 분자량 | 가우스에 든 성분 | | 계수 |
			산화물	분자량	(=$\frac{가우스산화물}{원료}$)
마그네시아	$3MgCO \cdot MgO \cdot 4H_2O$	365.4	$4MgO$	161.2	0.442
마그네시아	$MgCo_3$	84.3	MgO	40.3	0.478
마그네시아	$MgCo_3 \cdot CaCo_3$	184.4	MgO	40.3	0.218
			CaO	56.1	0.304
칼리장석	KNO_2	101.1	$1/2K_2O$	47.05	0.465
탄산칼리	K_2CO_3	138.2	K_2O	94.1	0.685
소다	Na_2CO_3	106	Na_2O	62.0	0.585
소다	$NaNO_3$	85	$1/2Na_2O$	31.0	0.365
소다	Na_2SO_4	142	Na_2O	62.0	0.437
인산소다(제2)	$Na_2HPO_4 \cdot 12H_2O$	358.2	Na_2O	62.0	0.173
			$1/2P_2O_3$	71	0.198
규사(석분)	SiO_2	60.1	SiO_2	60.1	1.00
아연산	ZnO	81.4	ZnO	81.4	1.00

조합(組合) 볼밀

도자기 공장에서 원료를 조합할 때 쓰는 볼밀을 말한다.

볼밀은 연속볼밀과 조합볼밀로 나누는데, 연속식 볼밀은 단일 원료를 연속적으로 미분쇄하는 기계로 분체 공장에서 사용하고 조합볼밀은 도자기 공장에서 중간 분쇄된 암석질 원료와 토상 광물인 카올리질 광물(카올린 + 점토)을 조합비에 맞추어 칭량한 다음 미분쇄하는 불연속식 볼밀이다.

중간분쇄기

조분쇄기로 분쇄된 원료를 0 ~ 수 mm의 크기로 분쇄하는 장치로서 에지러너(edge runner), 롤크러셔(roll crusher), 해머밀(hammer mill), 임펠러브레이커(impeller breaker) 등이 있으며, 도자기용으로 가장 많이 쓰이는 것은 에지러너이다.

조비(爪飛)

유약 면에 손톱으로 찍어 낸 듯 튀어 나가는 현상을 조비라 한다. 법랑
제품에 많이 생기며 유약보다 소지의 팽창계수가 클 때 생긴다.

죠크러셔(Jaw Crusher)

V 자형으로 생긴 턱에 광물을 넣어 편심 축을 이용하여 압착 분쇄하는 기
계이며, 턱바쉬개 또는 악분쇄기(顎粉碎機)라 하며, 조분쇄기로 분류한다.

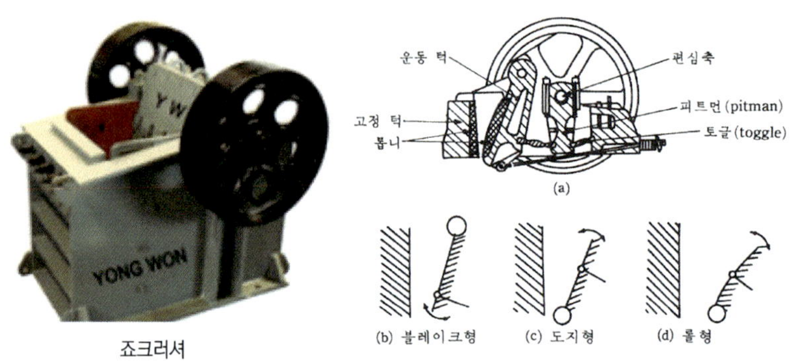

죠크러셔

주입성형(鑄入成形)

기물 모양으로 공동이 된 석고 틀에 해교(解膠)된 슬립을 부어 두면 시
간이 지날수록 석고 틀은 슬립 속의 물을 흡수 하여 소지 알갱이는 석고
면에 굳어 두꺼운 흙층이 생긴다. 알맞은 두께로 되었을 때 틀 안의 슬립
을 부어 두면 성형된 기물은 수축하여 석고 틀과 분리된다. 이와 같이 니
장을 배출시키는 형식을 배출주입 또는 배장주입이라 하고, 석고틀 양면에
서 흡수하여 여분의 슬립이 없는 경우를 고정주입 또는 고형주입이라 한다.

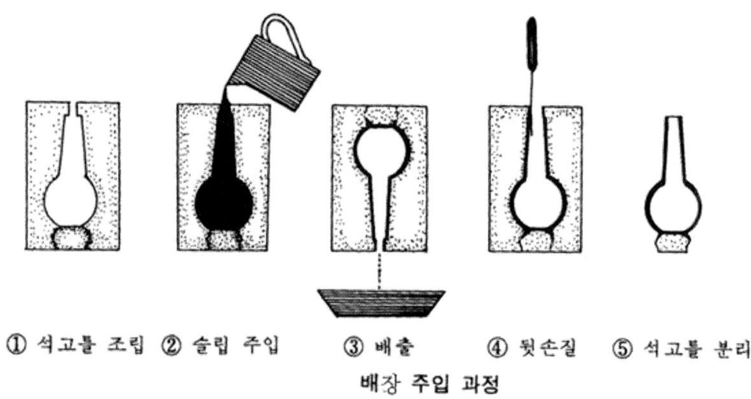

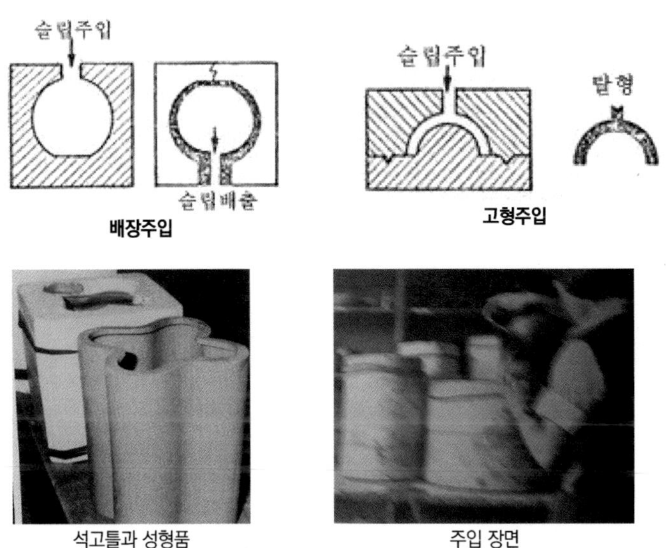

석고틀과 성형품   주입 장면

증발유(烝發釉)

소성 중 1.000℃ 정도에서 불아궁이에 소금(NaCl)을 뿌려 넣으면 소금은 Na_2O로 산화 증발하여 기물 표면의 카올린인 $Al_2O_3 \cdot 2SiO_2$와 결합하여 $Na_2O \cdot Al_2O_3 \cdot 2SiO_2$인 규산염의 유리질로 되어 기물 표면에 유약으로

입혀지게 한 유약을 증발유라고 한다. **식염유(食鹽釉)** 또는 **휘발유(揮發釉)** 라고도 한다.

지거(Jigger)

기계물레의 회전판 위에 성형 칼이 부착된 손잡
이를 말한다. 성형할 때는 손잡이를 눌러 성형하고,
손잡이를 놓으면 손잡이 반대편에 부착된 쇠뭉치의
무게로 손잡이가 눈높이로 올라간다.

지르코니아 (zirconia)

지르코니아(ZrO_2)는 비중이 5.7, 용융점이 2,700℃이다. 천연산 지르
코니아는 매우 희귀하므로, 지르콘을 용융하여 지르코니아를 얻는다.

전기로의 발열체, 유백제, 연마재, 전자 요업체(electro ceramics)에 널
리 이용된다.

규산지르코늄 (硅酸 zirconium)

화학식은 $ZrO_2 \cdot SiO_2$ 또는 $ZrSiO_4$로 표시되며, 비중은 4.2~4.7 정도로
매우 작은 결정 또는 지르콘사로 되어 해안 지방이나 하천에 농축, 퇴적되
어 있다. 지르콘 단미 또는 다른 원료와 배합하여 내화물, 유약의 유백제,
전자기용 요업체, 내마멸성 볼 등에도 사용된다.

지르콘자기

ZrO_2가 99.7%의 원료를 사용하며, 안정화제로 약간의 Y_2O_3, CaO,
MgO를 첨가한다. 순수한 것은 600℃에서 결정구조가 바뀌면서 체적변
화가 생겨 균열이 발생하기 때문에 CaO 3~5%를 첨가하여 안정시키는
것이 일반적이다.

진공토련기(眞空土練機, vacum pug mill 진공펵밀)

연토 안에 들어 있는 기포를 진공펌프로 제거하는 토련기이다.

아래 그림은 진공토련기의 간단한 설명도이다. A에 원료를 넣으면 교반되고 이겨져서 C의 스크류에 밀려 B벽의 구멍을 통과하면 D의 칼에 잘려 진공통 안으로 떨어지게 된다. 화살표는 진공 펌프로 공기를 뽑는다는 표시이며, G의 2차 스크류에 밀려 기포가 제거된 완전한 연토가 나오게 된다.

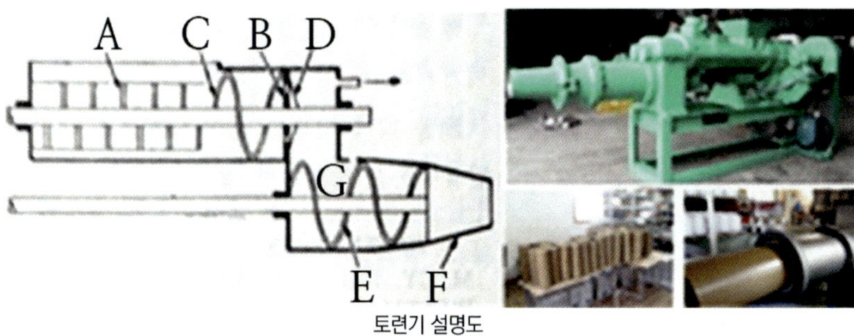

토련기 설명도

진사유(辰砂釉)

산화구리를 착색제로 하고 강한 환원 불꽃으로 소성하면 산화구리가 환원되어 진홍색의 유약이 된다. 이를 진사유 또는 유리홍(釉裏紅)이라 한다.

원(元)대에 유리홍자기는 청화자기 제작과 함께 14세기 들어와서 유행하였다. 원라라 강남지역(경덕진 포함)이 전란에 휩싸여 청화안료의 수입이 중단되었을 때 유리홍이 이를 대체하여 청화자기보다 유리홍 자기가 더 많이 제작되었다.

서양에서는 언더 글레이즈 레드(under-glage red)라 하였고, 송. 명대에 진사(辰砂)의 색과 유사하다 하여 진사채라 한다.

차

차이나(China)

일본에서 세도모노(瀨戶物) 하면 도자기라는 말로 쓰이듯이 서양에서는 중국 도자기의 아름다움에 감탄하여 차이나가 도자기의 대명사로 쓰여 왔다. 우리나라 도자기에도 그릇 뒷면 회사명에 차이나가 쓰여지고 있다.

덴모꾸(天目)

검게 발색한 철유를 흑유(黑釉) 또는 덴모꾸라 부른다. 덴모꾸(天目)라는 말은 중국의 절강성(浙江省) 임안현(臨安縣)에 있는 덴모꾸산(天目山)에서 유래한다.

철포요(鐵砲窯)

철포형으로 생긴 가마로 초기 도자기 가마의 형태로 땅 아래에 가마를 지었으나, 습기로 인한 결점으로 오래가지 못하고 점차 땅 위로 올라오게 되었다.

철회(鐵繪)

산화철을 사용하여 그린 흑갈색의 그림을 철회라 한다. 착색제로 붉은 색의 산화철(Fe_2O_3)을 많이 사용하고 강한 환원소성을 하였을 때 Fe_2O_4의 검은색으로 나타난다.

청색의 체색료인 회회청이나 오수(吳須)가 중국을 통해서 페르샤 지방에서 수입된 것이므로 값이 고가이나, 청색의 아름다움에 도취 되어 조선 시대에 청화 일색으로 이어 오다가 임란 이후 나라 제정이 어려워지자 값싸고 흔한 발색이 흑갈색인 산화철을 많이 쓰게 되었다.

청백자(靑白磁)

철분이 적은 원료를 조합하여 쓰기 이전에 생활 주변에서 산출되는 철분이 조금 들어 있는 원료를 썼기 때문에 철분이 환원되어 약간의 푸른색을 나타내는 백자를 말하며, 영청(影靑)이라고도 한다.

청자(靑磁)

Fe_2O_3가 3% 정도 들어 있는 소지나, 유약에 들어 있는 산화철을 환원시켜 푸른색을 내게 한 자기를 청자라 한다.

그러나 철이 산화되어 약간의 황갈색의 것도 청자 소지로 만들어진 그릇이면 모두 청자로 분류하고 있다. 중화자기선취(中華瓷器選聚) 도록이나, 중국 박물관에 갈색의 청자가 많음을 보면 우리나라보다 환원소성이 약함을 짐작할 수 있다.

우리나라는 신라 때부터 강한 환원불꽃 소성의 전통이 있으므로 중국 청자보다 고려청자가 매우 우수하다. 특히 고려의 상감청자는 독창적인 기법으로 우수함을 세계인이 인정하고 있다.

청화백자(靑畵白磁)

코발트염인 오수(吳須), 회청(回靑) 또는 회회청(回回靑)이라 부르는 채색료를 써서 청색의 그림을 그린 백색의 자기를 말한다.

체소(締燒)

굳힘구이라고도 하며, 일본어로 시메야끼라 하는데 지금도 쓰고 있다. 도기 제조의 1차 소성법으로 충분한 강도를 가지게 산화불꽃으로 1150℃

~1250℃의 온도로 소결하며, 굳힘구이라 한다. 굳힘구이 한 소지 위에 유약을 발라 2차로 체소 보다 낮은 온도(1050℃~1150℃)에서 구어 도기 소성을 완성한다.

체가름

여러가지 크기의 분체를 체로 쳐서 2종 또는 그 이상으로 입도를 분리하는 방법을 체가름(screening) 또는 사별법(篩別法)이라 한다.

(p. 146 사별법 및 p. 147 〈각국 표준 체 크기 비교표〉 참조)

초벌구이

반제품의 강도를 크게 하여 취급하기 좋게 하고, 흡수성을 크게 하여 시유가 잘되게 본소 앞에 하는 소성이며 소소(素燒)라고도 한다. 850~1000℃ 정도의 온도에서 산화불꽃으로 소성하며, 옆 그림은 초벌구이 재임을 보여주는 그림인데, 유약을 바르지 않기 때문에 포개어 재어도 붙지 않는다.

초벌구이 재임 모습

층리(層離, lamination)

가압성형 할 때 분말 소지를 프레스로 압력을 주면 분말 안에 있던 공기가 빠져나가지 못하고 있다가 성형 후 압력을 제거하면 평면으로 모여 있던 공기가 팽창하여 두 면으로 갈라지는 현상을 층리라 하며, 이를 방지하기 위하여 두 번 가압하기도 한다.

침강분리

입도 분리의 한 방법으로 체 가름으로 분리할 수 없는 미세한 입자의 분리에 쓰이는 방법이다. 분체의 입자가 공기 중이나 물속에서 자유롭게

침강할 때 가라앉는 속도로 알갱이 크기를 분리하는 방법으로 스토크 법칙에 근거를 둔다.

침괘법(沈掛法)

유약 바르는 방법으로, 기물을 유약 슬립 안에 담구어 바르는 방법이므로 담구어바르기라고도 한다.

침괘법

카

카렛트(Cullet)

유리를 성형할 때 생기는 파손품이나 부스러기 또는 가공할 때 생기는 부스러기 등 파유리를 카렛트라고 한다.

카보런덤

규석과 탄소를 2,000℃ 이상의 고온에서 용융 합성하여 만든 SiC 성분의 아주 단단한 물질이다. 재질이 강하므로 그라인더용의 연마재로 쓰이고. 도자기 제조에서는 내화판으로도 쓰이고, 실리코니트 발열체나, 신요업 분야에 그 용도가 다양하다.

카올린질

종래에는 점토질 안에 칼올린과 점토로 구분하였는데, 점토질이라 하면 가소성, 즉 점성이 있어야 하는데 카올린은 점성이 없다. 그러나 성분상 $Al_2O_3 \cdot 2SiO_2 \cdot 2H_2O$가 동족·동질이므로 카올린질이라고 구분한다.

코니칼볼밀(conical bdll mill)

원뿔형으로 생긴 볼밀의 일종이다. 흔히 볼 수 있는 콘크리트 레미콘과 비슷하다.

모양에 따라 드럼밀. 실린더밀. 튜브밀. 연속식 볼밀. 분쇄 매체에 따라 페블밀(peblle mill) 로드밀(rod mill)등으로도 구분한다.

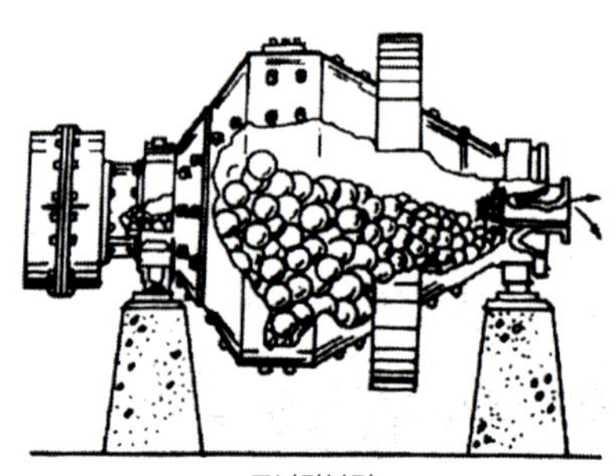

코니칼볼밀

코오디어라이트(cordierite)

조성이 $2MgO \cdot 2Al_2O_3 \cdot 5SiO_2$이며, MgO의 공급원으로 활석 혹은 마그네사이트($MgCO_3$)를 사용하며, MgO 성분이 10~15% 정도 함유되게 활석 43%. 점토 35%. Al_2O_3 22%를 조합하여 SK14에서 소성하며 근청석자기라고도 한다. 특징은 저팽창성이며 기계적강도와 내열성이 양호하여, 내열 자기와 내화재로도 사용된다.

타

탄산리튬(lithium carbonate)

화학식은 Li_2CO_3이고 백색의 미세한 결정질 물질로 물에는 조금밖에 녹지 않으며, 용해도는 온도가 상승하면 감소한다.

탄산리튬을 식기류, 전기용 자기, 위생도기 등의 유약에 1% 첨가하면 유약의 광택을 좋게 하고, 전기자기 유약에서는 기계적 강도를 높이고, 내풍화성을 증가시킨다. 그 밖에 산화리튬을 넣으면 비중이나 열팽창률의 감소, 유동성의 증가, 용융온도 및 연화온도의 저하, 용융 시간 및 소성 시간의 단축 등 특성이 있다.

탈철기(脫鐵機, Ferro Filter)

철분을 제거하는 기계에는, 분쇄된 알갱이에 들어 있는 덩어리를 가려내는 선광용과 미분쇄된 슬립 안에 있는 철분을 제거하는 방법 두 가지가 있다. 모두 전자석으로 탈철한다. 도자기 공장에서는 후자인 탈철기(Ferro Filter)가 사용되며, 단체(單體)인 Fe가 100%일 때 Fe_3O_4는 45%, Fe_2O_3는 2 ~ 3%가 자력에 감응하므로 Fe_2O_3는 제거되지 않는다.

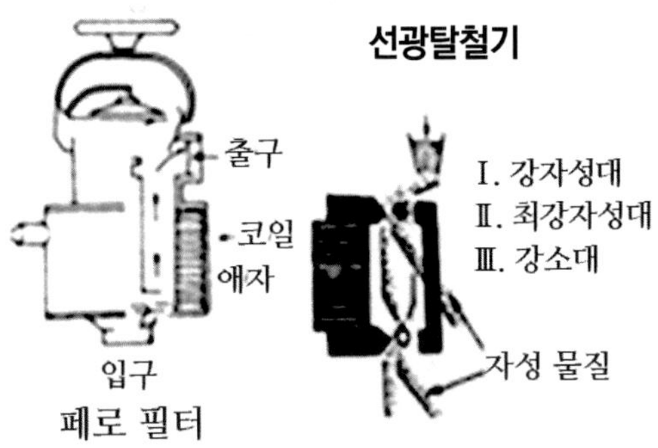

터널가마(tunnel kiln)

소성품을 대차에 싣고 터널형의 가마 안을 통과하면 예열대 소성대 냉각대를 지나는 동안 소성되어 나오게 구성된 가마이다. 열적 효율이 높아 지금은 대형공장에서는 대다수 터널가마를 사용하고 있으며 소형의 도예공장에서만 셔틀가마를 쓰고 있다. 내화물로 축조된 터널가마에 부착된 장치로는 버너, 풋셔, 배풍기가 있고, 움직이는 대차가 있다.

소성대

소성되어 나오는 장면

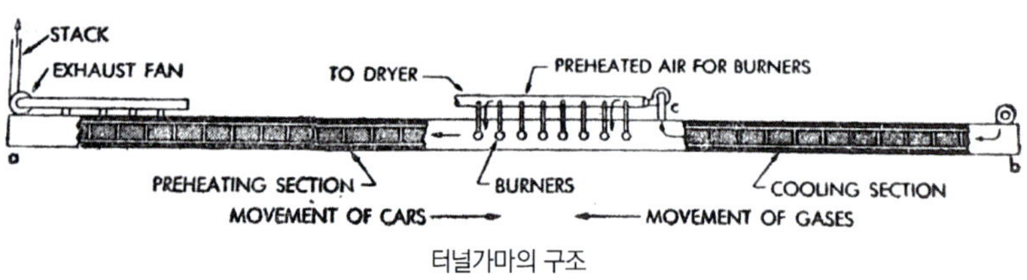

터널가마의 구조

대차(臺車)

소성할 기물을 실어 가마 안을 통과하는 수레를 대차라 한다. 가마 밖에서 적재하여 터널 밖의 레일 위를 풋셔로 밀어 넣어 예열대, 소성대, 냉각대를 지나면서 소성되고 냉각되어 나오면 밖에서 기물을 내린다. 그림은 제품이 실린 대차의 모습이다.

풋셔(puser)

대차를 가마 안으로 1시간에 1m 정도로 천천히 밀어 넣는 장치이다. 밀어 넣는 방법에 따라 유압식과 나사식이 있다.

버너(burner)

액체연로나 기체연료를 연소하는 장치를 버너라 한다.

터널가마에 사용하는 연료는 액체연료인 석유류이기 때문에 버너를 사용한다. 터널가마 중앙인 소성대에 설치되어 있으며 한쪽에 7개 (양쪽에 14개)가 보통이다.

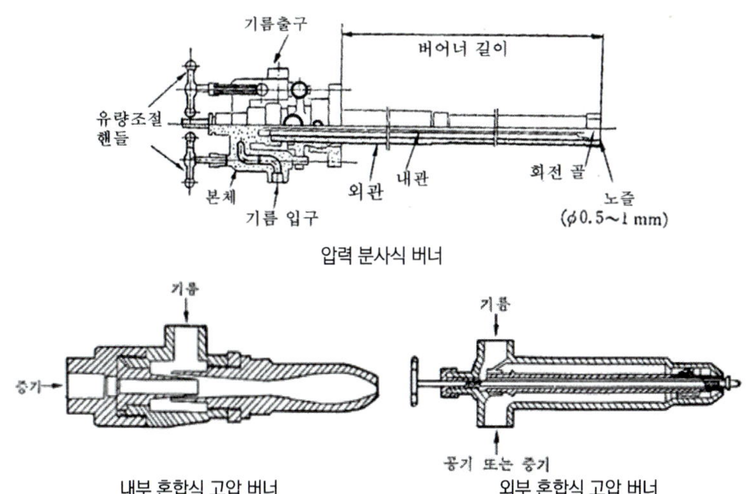

배풍기(排風機)

예열대 쪽에 설치되어 있으며, 연소가스를 뽑아내는 장치이다.

소성 제품이 보유하고 있는 고열은 예열대 입구 쪽으로 오면서 회수되고 저온의 폐가스를 배풍기로 뽑아낸다. 여기에서 나오는 폐가스의 남은 열은 다시 건조용으로 쓰는 경우도 많다.

사봉(砂封)

샌드실(sand seal)이라고도 한다. 대차 아래 양쪽에 철판으로 나래를 달고 가마 아래쪽 벽에 **사구(砂溝, 모래 도랑)**를 설치하여 대차의 쇠나래(철판)를 사구 안에 들어 있는 모래 속을 지나게 하여 바깥 공기가 가마 안으로 들어가지 못하게 차단하는 장치이다.

전기터널가마

전기를 연료로 하여 가열하는 가마를 말한다.

일반적으로 연료란 급격한 산화반응으로 열과 빛을 내는 물질을 말하나 넓은 뜻으로는 전기나 원자력도 연료 안에 넣는다. 발열체로는 칸탈선이나 실리코닛트(SiC)를 사용한다. 제품의 균일성, 환경의 청정도, 높은 열효율, 연속작업, 발열부의 전류를 제어하여 온도 조절이 쉽고, 구동장치를 제어하여 생산의 극대화를 할 수 있다.

RHK 전기터널가마

RHK(Roller Hearth Kiln, 롤러 허쓰 킬른)는 전기터널가마의 한 예이다. 본체의 외벽은 철강 구조이고, 내부는 내화벽돌과 내화 단열재로 축조되어 있으며, 노벽 중간 부분에 롤러(Roller)가 천천히 회전하면서 피열물을 터널 안으로 통과하게 하는 구동장치가 있다. 그 아래에 발열체가 있어 허쓰 킬른(Hearth Kiln)이라 하나, 요즘에는 제품의 윗부분에도 발열체를 설치하여 로(爐) 내 온도의 균일성을 최상으로 유지하고 있다.

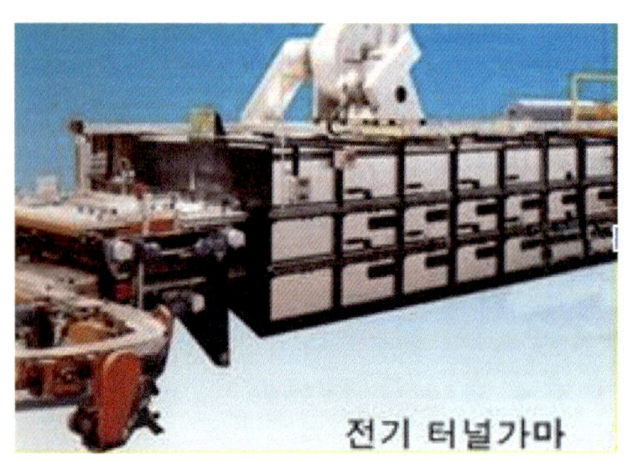

RHK전기터널가마 발열체

소성되어 나오는 제품

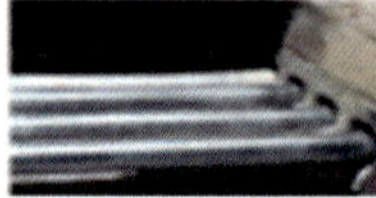
회전 롤러

H사야에 적재된 제품

콘트롤 박스

테라코타(terra cotta)

점토제품 즉 유색의 찰흙으로 만든 제품을 테라코타라 한다.

토기(土器)

소지의 원료는 색이 있는 양토질 또는 석기점토을 사용하여 만들며, 800 ~ 1000℃ 정도에서 소성하므로 다공질이며, 일반적으로 시유하지 않는다.

검은 기와, 물동이, 화로, 화분 등 그릇류에 쓰였으나, 지금은 배기관, 전해용 격막, 기체 여과재 및 여과체 등에 쓰인다. 이들의 조성은 샤모트 25~27%, 카올린질 20 ~ 38%, 석영 35 ~ 55%이고, 전자용은 1100 ~ 1180℃, 격막, 여과용은 1160 ~ 1180℃ 또는 그 이상에서 소성하며, 여과용의 고알루미나질을 1300 ~ 1450℃에서 소성하는 것도 있다.

토련기(土練機)

소지토 안에 들어 있는 수분을 고르게 하고 기포를 제거하여 성형성이 좋게 흙을 반죽하는 기계를 토련기라 한다.

광복(1945년) 이후 교반기처럼 생긴 것으로 수직축에 쇠막대를 달아 저속회전시키는 형의 토련기와 니딩머신이 쓰였으나 이제는 볼 수 없고 1960년도 들어 펴밀이 등장하였으며, 그 후 진공토련기(vacuum pug mill)를 일본에서 수입해 쓰다가 급진적인 우리나라 경제성장과 함께 국산화 대형화 자동화되었다.

통풍(通風)

공기의 흐름을 통풍이라 한다.

열효율을 높이기 위하여 완전연소를 시키자면 충분한 공기를 공급하여야 하는데 아궁이에서 연소된 가스는 연소실에서 잘 빠져나가지 않으므로 통풍력를 크게 하기 위해 이를 배출시켜야 한다.

통풍에는 **자연통풍**과 **인공통풍**(또는 **강제통풍**)이 있으며, 자연통풍은 등요처럼 경사지를 이용하거나, 평지에 설치된 가마는 굴뚝을 이용한다. 강제통풍에는 바람을 불어넣는 송풍기와 폐가스를 뽑아내는 배풍기를 사용한다.

투명유(透明釉)

유약이 유리처럼 맑아 소지의 색이 보이는 유약을 투명유라 한다. 대부준 유약이 투명유이며, 지금은 백자의 시대이니 소지의 색이 희므로 희게 보인다. 그래서 백유라고도 하는데 이는 잘못된 표현이다.

특수도자기(特殊陶磁器)

일반 도자기(가정용, 장식용 등)에 비하여 특수한 바탕과 조성을 갖는 도자기로 특수한 성질을 가지며, 공업용 또는 특수용도로 사용되는 도자기를 말한다. 특수도자기에는 알루미나 자기, 멀라이트 자기, 티탄 자기, 활석 자기 등이 있으며, 사용 목적에 따라 특수한 광물질을 배합하는 것이므로, 타올린질을 주원료로 배합하는 보통 도자기와 달라 성형하기가 쉽지 않은 경우가 많으므로 주입 또는 프레스 성형 등을 많이 사용한다. 소성 온도도 1200 ~ 2000℃ 또는 그 이상의 온도로 소성할 때도 있다.

이와 같이 특수도자기에서는 성형 기술, 소성 기술 상의 어려움이 많다. 근년 신소재로 이 분야의 발전이 급진하니 뉴세라믹스(파인세라믹스, 모던세라믹스)란 이름으로 한 분야를 이루게 되었으며 활용 범위가 다양해졌다.

〈특수자기 분류별 특성과 종류〉

분 류	특 성	종 류
전기·전자용 자기	절연체 자기	알루미나 자기, 멀라이트 자기 등
	고주파용 절연체 자기	활석 자기, 포오스테라이트 자기 등
	유전체 자기	티탄 자기, 티탄산염 자기 등
	자성체 자기	페라이트 자기
내열 자기	고화도 자기	알루미나 자기, 토리아 자기 등
	저팽창성 자기	코오디어라이트 자기 등
고경도 자기	고경도 자기	알루미나 자기, 지르콘 자기 등

파

퍽밀(pug mill)

스크류를 회전시켜 밀어내면서 혼련(混練)하는 장치이다.

초기에는 1단 구조인 퍽밀을 썼으나 지금은 소규모 공장에서 쓸 뿐 대부분 더블 스크류 퍽밀(double screwpug mill)이나 진공토련기를 사용한다.

페리언 자기(Parian 磁器)

투광성이 높은 장석질자기이며, 적당한 소성 조건에서는 시유 하지 않아도 시유 한 것처럼 자체 시유가 된다. 주로 작은 조각품에 쓰이며 겉모양은 대리석과 비슷하다.

PH(페하)

수소이온의 농도. 즉 산성도를 말한다. 지수는 1에서 12까지로 되어 있으며, PH7이 중성이다.

폭발범위(爆發範圍)

가연 가스 및 증기의 공기 혼합물은 일정 농도 범위에서 연소 가능하다. 이 범위를 폭발범위라 한다. 공기와 연료 가스를 폭발범위 내로 혼합한 후 가마 안에 불어넣었을 때 혼합물이 착화 온도에 이르면 연소한다. 그 범위를 보면 다음과 같다.

〈가스의 종류와 폭발범위 및 화염 전파속도〉

가스의 종류	공기 중의 가스 용적(%)		화염 전파속도 최고치(cm/g)
	하한	상한	
CO	12.5	75.0	140
H_2	4.1	75.0	490
CH_4	4.9	14.9	75
C_2H_2	1.5	80.5	150
C_3H_4	2.2	9.5	105

폿트밀(pot mill)

실험실 용의 도자기 소지나 유약을 미분쇄하거나 채색료를 조제할 때 쓰는 소형의 볼밀이다. 그림에서 중앙 위에 자기로 만든 단지를 폿트라 하고 이 단지 안에 조합한 원료와 물과 구석을 넣어 회전기 위에서 돌려 미분쇄한다.

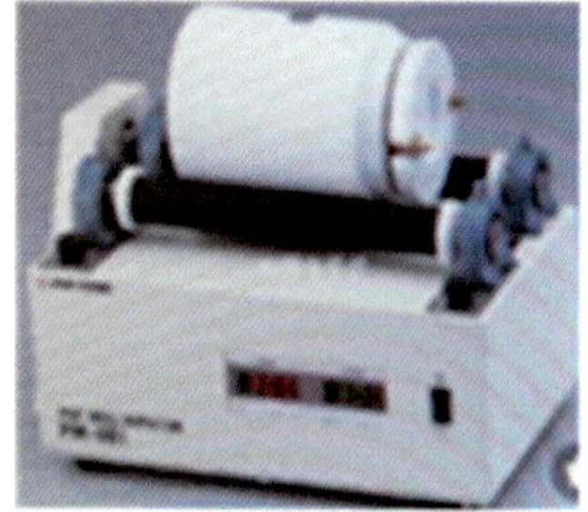

그림의 아랫 부분이 폿트밀 회전기이다. 두 개의 고무를 입힌 롤러 사이에 폿트를 얹어 돌릴 수 있게 만든 장치이다.

품어바르기

분무법(噴霧法)이라고도 하며, 유약 바르는 방법으로, 기물 표면에 유약 슬립을 분무기로 품어서 바르는 방법이다

프릿(frit)

생원료인 카올린, 장석, 석회석, 활석 등으로는 녹일 수 없는 저화도 유약에 융재로 사용하는 유리질 물질을 프릿(frit)이라 한다.

생유로 납을 쓰면 되지만 납을 그대로 쓰면 납이 쉽게 용출되어 사람에게 해로우므로 납성분이 쉽게 용출되지 않도록 유리화 시켜야 하고, 더 낮은 온도에서 녹는 유약을 만들자면 붕사를 넣어야 하니, 붕사도 가용성이므로 이 또한 유리화 시켜야 한다.

아래 조합 예와 같이 조합하여 유리 가마에서 녹여 만든 850℃~1000℃ 정도에서 녹는 유리질의 융제를 프릿 또는 백옥(白玉)이라 한다.

〈프릿 조합 예〉

원 료	카렛트	석회석	BaCO₃	고령토	규석
중량 %	43.38	3.46	20.44	22.31	10.41

프릿가마

프릿(frit)을 녹이는 유리 용융 가마이며, 소량 용융이므로 도가니 가마를 사용한다.

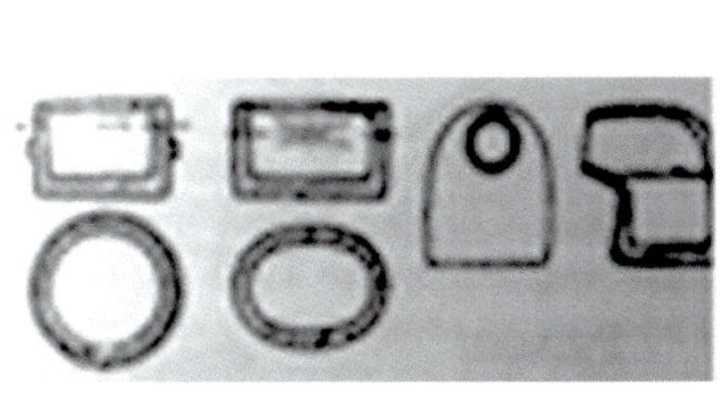
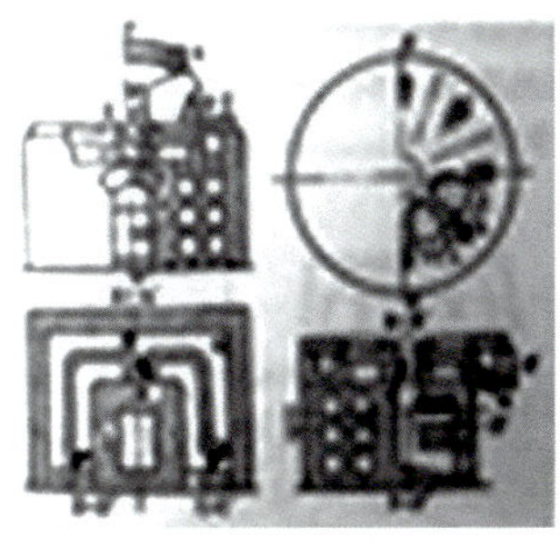

프릿유

프릿을 융재로 사용한 유약을 프릿유라 한다.

프릿자기

프릿을 융제로 사용하여 낮은 온도에서 소성한 자기이다.

블란서 세이브르 자기의 한 예를 보면, 융제로는 판유리와 비슷한 유약(석영 60%, 초석 22%, 염화나트륨 7.2%, 명반 3.6%, 무수탄산나트륨 3.6% , 석고 3.6%ㅇ)이고 소지는 프릿 8, 석회석 2, 저화도 점토 2의 비율로 혼합하고 점력을 추가하기 위해 아교 등을 사용한다.

플럭스(flux)

융제(融劑)라고도 하며, 발색산화물(색소)은 쉽게 녹지 않으므로 상회용 안료는 850℃ 정도에서 녹게 해야 하므로, 이보다 낮은 온도에서 녹는 유리질 물질을 넣어야 한다. 이 역할을 하는 인공 유리질의 융제를 플럭스라 한다.

〈윗그림 채색용 융제(플럭스)의 조합 예〉

No	연단	규사	붕사	붕산	용도
1	76	25	–	–	황색, 갈색, 철적색, 기타용
2	66	23	11	–	흑, 청, 철적, 갈색, 기타용,
3	70	10	–	20	황색, 갈색, 크롬록, 청색용
4	38	15	–	50	동록, 하늘색, 코발트청용
5	35	–	–	65	상동

파

하

하중연화온도(荷重軟化溫度)

소성할 때 기물이 자기 몸의 무게를 지탱하지 못하고 내려앉는 온도를 말한다. 매용원료로 쓰는 장석원료를 나트륨장석보다 점성이 큰 칼륨장석을 쓰는 것이 좋고, 비가소성 원료의 입도가 적당하여야 한다.

해교(解膠)

소지토를 물에 넣어 풀었을 때, 덩어리 상태를 알갱이 상태로 풀어주는 역할을 해교라 한다.

해교제(解膠劑)

덩어리 상태의 흙을 알갱이 상태로 풀어주는 원료를 해교제라 하며, 무기 해교제와 유기 해교제가 있는데, 무기 해교제로는 탄산나트륨(Na_2CO_3)과 물유리($Na_2O \cdot 1.6SiO_2$)가 많이 쓰인다.

화장토(化粧土)

청자 소지에는 철분이 많이 들어 있어서 환원 물꽃에서는 청자가 되지만 산화가 되면 황갈색으로 보이게 되므로 이를 감추기 위해서 백색의 소지토로 화장하여 황갈색이 보이지 않게 하는데 이 백색의 소지토를 화장토라 한다.

고려청자의 전통을 이은 조선조 초기분청사기에 사용된 백색 소지토를 화장토라 하였으며, 화장토 바르는 솔의 무늬로 미적 효과를 높이기도 하였지만, 지금은 색소지도 같은 목적으로 사용된다.

활석(滑石)

화학식이 $3MgO \cdot 4SiO_2 \cdot H_2O$이고 염기성 암석의 열수 변성작용에 의하여, 또는 마그네사이트나 돌로마이트가 규산 질의 열수 용액의 접촉에 의한 교대작용으로 생성되며, 비중이 2.75이고 경도가 1로서 경도의 기준이 된다. 미세한 결정이 치밀하게 집합한 덩어리로 산출되며 매우 연하고 매끄러운 촉감을 가진다. 순수한 것은 백색이고 불순물이 섞인 것은 엷은 청색이나 짙은 녹색. 갈색. 검은색을 띤다. 도자기 소지에 매용제로 쓰이고 유약에서 주 매용제로 쓰는 유약을 활석유(滑石釉)라 한다.

광택이 좋은 것이 특징이다.

활석은 주로 도자기나 타일 등에 쓰이고, 또 고주파 절연체인 전자기의 원료로 쓰이는데, 이때 철분의 함유량이 거의 없는 양질의 것을 사용한다,

회유(灰釉)

융제로 나뭇재를 사용한 유약으로 회유 또는 재유라고 하며, 옹기 제조 공장에서는 잿물이라고도 한다. 재는 구하기 쉽고 분쇄 등 뒷 조작이 필요 없기에 조선조까지도 쓰여 온 유약이다.

참나무는 비교적 철분 함량이 적으며, 백색에 가까운 유약에 사용하며, 담청자유를 만드는데 적합하다.

잡목재는 함유 성분은 일정하지 않으나, 산화철과 산화망간의 함량이 많으며, 산화 소성에서는 황록색을 띠지만 환원 소성에서는 담청색 혹은 갈색을 띤 녹색이 된다.

짚재에는 규산분이 많으며 짚을 태워서 분쇄 수비하여 사용하며, 유백의 광택유에 사용한다. 재에는 매용 성분으로 알칼리인 칼륨(K)과 칼슘(Ca) 성분이 많이 들어 있다.

〈재의 성분 조성〉

원료	SiO_2	Al_2O_3	Fe_2O_3	CaO	MgO	K_2O	Na_2O	P_2O_5	MnO_2	ig-loss
잡목재	14.08	3.69	1.94	35.90	5.44	1.49	0.55	2.14	0.41	34.3
참나무재	26.98	2.77	0.77	35.73	1.63	0.75	0.57	0.81	0.04	39.94
짚재	52.07	Tr	0.52	1.78	0.81	3.54	1.53	2.07	−	38.06

흐름유

유리 성분과 비슷한 유약을 만들어 점도를 낮추어 색유리나 결정유를 흘러내리게 하여 미적 효과를 높인 유약을 말한다.

흑유(黑釉)

흑색으로 발색한 철유(鐵釉)의 기물을 흑유라 하며, 일본에서는 덴모꾸(天目, 천목)라고 한다. 천목(天目)이라는 말은 중국 절강성(浙江省) 임안현(臨安縣)에 있는 천목산(天目山)에서 유래한다.

흡연(吸煙)

유약 안에 연기의 탄소 알갱이가 들어가서 검은색으로 변한 결점을 흡연이라 한다. 유약이 녹기 시작하는 데도 환원불꽃 소성을 하면 연기 안의 탄소 알갱이가 유약 안에 들어가서 검은색으로 변색한다.

힌지

여러 쪽의 석고틀을 조립할 때 고정시키기 위하여 양쪽 석고틀에 만든 요철(凹凸)의 구멍을 힌지 또는 맞춤구멍이라고 한다.

[용어 찾아보기]

가

가리새 · · · · · · · · · · · · · · · · · · · 75
가마 · 45
가마재임 · · · · · · · · · · · · 46, 108
가소성(可塑性) · · · · · · · · · · · · 46
가소성원료(可塑性原料) · · · 46, 80
가압성형(加壓成型) · · · · · 46, 116
갈라짐 · · · · · · · · · · · · · · 47, 153
갑발(匣鉢) · · · · · · · · · · · · · · · 72
갑재임 · · · · · · · · · · · · · · 48, 108
강내화성성분(强耐火性成分) · 48, 73
강열감량(强熱減量) · · · · · · · · · · 48
강용융성성분(强熔融性成分) · · · · 73
강제통풍(强制通風) · · · · · · · · · 174
개석 · 59
건식가압성형(乾式加壓成形) · · · · 46
건식성형(乾式成形) · · · · · · · · · 116
건요(建窯) · · · · · · · · · · · · · · · 49
꺽임불꽃식가마 · · · · · · · · · 49, 79
견운모(絹雲母) · · · · · · · · · 49, 137
결정유(結晶釉) · · · · · · · · · · · · 50
경덕진가마(景德鎮窯) · · · · · · · 50
경량질도기(輕量質陶器) · · · · · · 51
경질자기(硬質磁器) · · · · · · · · · 50
고령토(高嶺土) · · · · · · · · · · · 51
고리가마(輪窯) · · · · · · · · · · · · 52
고배(高杯) · · · · · · · · · · · · · · · 63
고정주입(固定鑄込) · · · · · · · · · 160
고취소(高取燒) · · · · · · · · · · · · 54

고형주입(固形鑄込) · · · · · · · · · 160
골회(骨灰) · · · · · · · · · · · · · · · 56
골회자기(骨灰磁器) · · · · · · · · · 56
공분(攻焚) · · · · · · · · · · · · · · · 101
과잉공기계수(過剩空氣係數) · · · · 56
관(罐) · · · · · · · · · · · · · · · · · · 60
광고온계(光高溫計) · · · · · · · · · 54
광명단(光明丹) · · · · · · · · · · · · 133
광재(鑛滓) · · · · · · · · · · · · · · · 129
광화제(鑛化劑) · · · · · · · · · · · · 56
교반기(攪拌機) · · · · · · · · · · · · 57
구석(球石) · · · · · · · · · · · · · · · 57
굳힘구이 · · · · · · · · · · · · · 57, 165
권상법(捲上法: Coil Building) · · 58
규산(硅酸) · · · · · · · · · · · · 58, 129
규산비(硅酸比) · · · · · · · · · · · · 58
규산염(硅酸鹽) · · · · · · · · · · · · 58
규산지르코늄(硅酸 Zirconium) · 162
규석(硅石) · · · · · · · · · · · · · · · 59
규회석(硅灰石) · · · · · · · · · · · · 59
균열(龜裂) · · · · · · · · · · · · · · · 59
균열유(龜裂釉) · · · · · · · · · · · · 60
균요(鈞窯) · · · · · · · · · · · · · · · 60
그을음불질 · · · · · · · · · · · · · · · 101
근청석자기 · · · · · · · · · · · · · · · 168
금란수(金蘭手) · · · · · · · · · · · · 69
금장식(金裝飾) · · · · · · · · · · · · 69
끝손질 · · · · · · · · · · · · · · · · · · 75
기계물레 · · · · · · · · · · · · · · 91, 92

기대(器臺) · · · · · · · · · · · · · · · 61
기부시 · · · · · · · · · · · · · · · 70, 90
길주요(吉州窯) · · · · · · · · · · · · 70

나

나물(裸物) · · · · · · · · · · · · · 71
나트륨장석(나트륨長石) · · · · · · · 151
낙소(樂燒) · · · · · · · · · · · · · 118
남송관요(南宋官窯) · · · · · · · · · · 71
납석(蠟石) · · · · · · · · · · · · · 71
납유 · · · · · · · · · · · · · · · · 72
내화갑(耐火匣) · · · · · · · · · · · · 72
내화도(耐火度) · · · · · · · · · · · · 72
내화성성분(耐火性成分) · · · · · · · 72
내화판(耐火板) · · · · · · · · · · · · 73
녹로성형(轆轤成形) · · · · · · · · · · 91
녹유(綠釉) · · · · · · · · · · · · · 74
뉴세라믹(Newceramic) · · · · · · · 125
뉴케슬(Newcastle)가마 · · · · · · · · 74
니딩머신(Kneading Machine) · · 74
니장(泥漿) · · · · · · · · · · · 74, 122

다

다듬기 · · · · · · · · · · · · · · · · 75
단(單)가마 · · · · · · · · · · · · · · 76
단독요(單獨窯) · · · · · · · · · · · · 76
단미소지(單味素地) · · · · · · · · · · 76
단소성(單燒成) · · · · · · · · · · 76, 99
담구어바르기 · · · · · · · · · · · 77, 167
당량(當量) · · · · · · · · · · · · · 77
당소병(唐素瓶) · · · · · · · · · · · · 64
대(臺) · · · · · · · · · · · · · · · · 61
대리석(代理石) · · · · · · · · · · · · 116

대접(大楪) · · · · · · · · · · · · · · 66
대차(臺車) · · · · · · · · · · · · · · 170
대한도기(大韓陶器) · · · · · · · · · · 77
대호(大壺) · · · · · · · · · · · · · · 68
덴모꾸(天目) · · · · · · · · · · · · · 164
도기(陶器) · · · · · · · · · · · · · · 78
도르(dorr)식 디크너(dikner) · · · 81
도석(陶石) · · · · · · · · · · · · · · 78
도염식가마(倒炎式窯) · · · · · · · · 79
도자(陶磁) · · · · · · · · · · · · · · 79
도자기(陶磁器) · · · · · · · · · · · · 79
도자기전쟁(陶磁器戰爭) · · · · · · · 81
도차(陶車) · · · · · · · · · · · · · · 91
도침(陶枕) · · · · · · · · · · · · · · 81
도토(陶土) · · · · · · · · · · · · 51, 82
돌로마이트(dolomite) · · · · · · · · 97
동질다상(同質多像) · · · · · · 82, 145
등압가압성형(等壓加壓成型) · · · 82
등요(登窯) · · · · · · · · · · · · · · 83

라

라스터(luster) · · · · · · · · · · · · 84
락소(樂燒) · · · · · · · · · · · · · · 84
러버프레스성형(Rubber press成形)82
련토(練土, 연토) · · · · · · · · · · · 85
로(爐:fernace) · · · · · · · · · · 45, 61
륜요(輪窯) · · · · · · · · · · · · · · 52
리사지(litharge) · · · · · · · · · · · 85
리튬장석(petalite) · · · · · · · · · 151

마

마감불질 · · · · · · · · · · · · · · · 101
마그네사이트(magnesite) · · · · · · 86

마그네시아(magnesia) ······· 86
마그네시아자기(磁器) ········ 86
마르코폴로(Marco Polo) ······ 86
마이센(meissn)자기(磁器) ····· 87
마조리카도기(陶器) ········· 87
만두형요(鰻頭形窯) ········· 87
말림불질 ················· 100
망목구조(網目構造) ·········· 88
망목수식(網目修飾)이온(Ion) ··· 89
망목형성(網目形成)이온(Ion) ··· 88
맞춤구멍 ················· 181
매병(梅瓶) ··············· 65
매용원료(媒熔原料) ·········· 89
매용제(媒熔劑) ············· 89
매트유(matt 釉) ············ 89
머플가마(muffle kiln) ········ 90
멀라이트(mullite) ··········· 90
멀라이트(mullite) 자기(磁器) ··· 90
명(皿) ·················· 61
모형(母型) ··············· 155
목절점토(木節粘土) ······· 70, 90
목측(目測) ··············· 53
무광유(無光釉) ············· 89
물가림 ·················· 119
물금(水金) ··············· 91
물레, 녹로(轆轤) ············ 91
물레성형 ············· 91, 116
미분쇄기(微粉碎機) ·········· 93
미시마(三島) ·············· 105
밀타승(密陀僧) ············· 85
밑그림(下繪) ·············· 95

바

바늘구멍 ················· 94

바륨장석(長石) ············ 151
바이오세라믹(Bio ceramic) ··· 127
박락(剝落) ··············· 94
박열(剝裂) ··············· 94
반(盤) ··············· 61, 62
반도체(半導體) ············· 95
반머플가마(半muffle窯) ······ 90
반수석고(半水石膏) ·········· 114
반자기(半磁器) ············· 95
반점(斑點) ··············· 95
발(鉢) ·················· 62
발열체(發熱體) ············· 96
배(盃, 杯) ··············· 63
배리스터(varistor) ·········· 96
배소(焙燒) ··············· 100
배장주입(排醬注込) ·········· 160
배출주입(排出注込) ·········· 160
배토(坏土) ··············· 118
배풍기(排風機) ············· 171
백옥(白玉) ··········· 96, 177
백운도기(白雲陶器) ·········· 96
백운석(白雲石) ············· 97
백유(白釉) ··············· 97
백자(白磁) ··············· 97
백토(白土) ··············· 51
버너(Burner) ············· 171
범(範) ·················· 63
법랑(琺瑯) ··············· 98
베릴리아(Beryllia)자기(磁器) ··· 98
벤토나이트(Bentonite) ······· 98
변색(變色) ··············· 98
변형(變形) ··············· 98
병(瓶) ·················· 63
보색(補色) ··············· 99

복소성(複燒成) · · · · · · · · · · · · 99
본금(本金) · · · · · · · · · · · · · 101
본소(本燒) · · · · · · · · · · · 99, 118
본차이나(Bone China) · · · · · · · 56
볼밀(Boll mill) · · · · · · · · · · · 101
부풀음 · · · · · · · · · · · · · · · · 102
분무법(噴霧法) · · · · · · · · 104, 177
분무식건조기(噴霧式乾燥機) · · · 103
분상(焚上) · · · · · · · · · · · · · 101
분쇄기(粉碎機) · · · · · · · · · · · 104
분원관요(分院官窯) · · · · · · · · · 105
분청자기(粉靑磁器) · · · · · · · · · 105
붕사(硼砂, Borax) · · · · · · · · · 106
붕산유(硼酸釉) · · · · · · · · · · · 107
붕판(棚板) · · · · · · · · · · · · · · 73
붕판(棚版) 재임 · · · · · · · · · · · 107
브리스톨유(Bristol 釉) · · · · · · · 102
블루잉(Bluing) · · · · · · · · · · · 106
비가소성원료(非可塑性原料) 80, 107
빌리이크자기(belleek 磁器) · · · 107

사

사구(砂溝, 모래 도랑) · · · · · · · 171
사라(皿) · · · · · · · · · · · · · · · 61
사봉(砂封) · · · · · · · · · · · · · 171
사야(Sagger, 匣) · · · · · 46, 72, 108
사야재임 · · · · · · · · · · · · 48, 108
사옹원(司饔院) · · · · · · · · · · · 105
사요(蛇窯) · · · · · · · · · · · · · 109
사용형(使用型) · · · · · · · · · · · 155
사이아론(Sialon) · · · · · · · · · · 109
사장석(plagioclase) · · · · · · · · 151
산화구리(酸化銅) · · · · · · · · · · 110
산화납(酸化鉛) · · · · · · · · · · · 110

산화니켈(酸化 Nickel) · · · · · · · 110
산화망간(酸化 Manganese) · · · 110
산화불꽃(酸化炎) · · · · · · · · · · 105
산화아연(酸和亞鉛) · · · · · · · · · 110
산화염(酸化炎) · · · · · · · · · · · 105
산화우라늄((酸化 Uranium) · · · 111
산화철((酸化鐵) · · · · · · · · · · · 111
산화코발트((酸化 Cobalt) · · · · 111
산화크롬((酸化 Crome) · · · · · · 111
삼도(三島) · · · · · · · · · · · · · 105
3성분계(三成分系) · · · · · · · · · 111
삼채(三彩) · · · · · · · · · · · · · · 11
상감(象嵌) · · · · · · · · · · · · · 112
상회(上繪) · · · · · · · · · · · · · 112
상회소(上繪燒) · · · · · · · · 112, 118
색견편(色見片) · · · · · · · · · · · 54
색소지토(色素地土) · · · · · · · · · 113
색유(色釉) · · · · · · · · · · · · · 113
샌드실(Sand seal) · · · · · · · · · 171
생유(生釉) · · · · · · · · · · · · · 114
샤모트(Chamotte) · · · · · · · · · 114
서미스터(Thermistor) · · · · · · · 114
석고(石膏) · · · · · · · · · · · · · 114
석고분리액(石膏分離液) · · · · · · 115
석고틀(石膏型) · · · · · · · · · · · 47
석기(炻器) · · · · · · · · · · · · · 115
석회석(lime stone) · · · · · · · · 116
석회유(石灰釉) · · · · · · · · · · · 116
선반재임 · · · · · · · · · · · · · · 116
성형(成形) · · · · · · · · · · · · · 116
세라믹(Cermaic) · · · · · · · · · · 117
세메 · · · · · · · · · · · · · · · · · 101
셔틀가마(Shuttle kiln) · · · · · · 117
소결(燒結) · · · · · · · · · · · · · 118

소다장석(Soda 長石) · · · · · · · · 151
소분(燒粉) · · · · · · · · · · 114
소석고(燒石膏) · · · · · · · · 114
소성(燒成) · · · · · · · · · · 118
소소(素燒) · · · · · · · · 118, 166
소지토(素地土) · · · · · · · · 118
소침공(小針孔) · · · · · · · · · 94
수금(水金) · · · · · · · · · · · 91
수비(水飛) · · · · · · · · · · 119
수파(水簸) · · · · · · · · · · 119
스애끼(須惠器) · · · · · · · · 120
스컴(Scum) · · · · · · · · · 120
스테아타이트(Steatite) 자기 · · · 120
스토크(Stoke)의 법칙 · · · · · · · 121
스틸트(Stillt) · · · · · · · · · · · 122
스피넬안료(Spinel 顔料) · · · · · 121
슬래그(Slag) · · · · · · · · · · · 129
슬립(Slip) · · · · · · · · · · 74, 122
습식건조(濕式乾燥) · · · · · · · · 123
습식성형(濕式成形) · · · · · · · · 116
승염식가마(昇焰式窯) · · · · · · · 123
시메야끼 · · · · · · · · · · · 165
시멘트(Cement) · · · · · · · · · 123
시아게(仕上) · · · · · · · · · · 75
시유(施釉) · · · · · · · · · · 124
식염유(食鹽釉) · · · · · · · 124, 162
신요업(New Ceramics) · · · · · · 124
실리카(Silica) · · · · · · · · 58, 129
실요(室窯; chamber kiln) · · · · 129
심수관(沈壽官) · · · · · · · · · 129

아

아리다야끼(有燒燒) · · · · · · · · 130
아연함유유약(亞鉛含有釉藥) · · · 102

악분쇄기(顎粉碎機) · · · · · · · · 160
알루미나(alumina) · · · · · · · · · 130
알루미나자기(磁器) · · · · · · · · 130
RHK 전기터널가마 · · · · · · · · 172
압려기(壓濾機; filter press) · · · 131
압출성형(壓出成形) · · · · · 116, 132
애자(碍子) · · · · · · · · · · 132
약내화성성분(弱耐火性成分) · · · 73
약용융성성분(弱熔融性成分) · · · 73
약토(slip clay) · · · · · · · · · · 132
얼룩 · · · · · · · · · · · · · 95
에스케이(SK) · · · · · · · · · · 132
에지러너(Edge runner) · · · · · · · 133
여과판(濾過鈑) · · · · · · · · · 131
여요(汝窯) · · · · · · · · · · 133
여포(濾布) · · · · · · · · · · 131
연(硯) · · · · · · · · · · · · 68
연단(鉛丹) · · · · · · · · · · 133
연백(鉛白) · · · · · · · · · · 134
연유(鉛釉) · · · · · · · · · 72, 134
연적(硯滴) · · · · · · · · · · 68
연질자기(軟質磁器) · · · · · · · · 134
연화(軟化) · · · · · · · · · · 134
열전대(熱傳對) · · · · · · · · 134
열전쌍고온계(熱電雙高溫計) · · · 53
염부(染付) · · · · · · · · · · 135
염소유(艶消釉) · · · · · · · · · 89
영청(影靑) · · · · · · · · · · 165
옆불꽃식가마(橫炎式窯) · · · · · · 135
예새 · · · · · · · · · · · · · 76
오름가마 · · · · · · · · · · · 83
오름불꽃식가마(昇炎式窯) · · · · 123
오수(吳須) · · · · · · · · · · 165
오톤추(Orton cone) · · · · · · · 135

옹(甕) · · · · · · · · · · · · · · · · · 66
와목점토(蛙目粘土) · · · · · · · · · 135
완(盌) · · · · · · · · · · · · · · · · · 67
왕수(王水) · · · · · · · · · · · · · · · 135
요로(窯爐) · · · · · · · · · · · · · · · 45
요변현상(窯變現象) · · · · · · · · · · 136
요업(窯業) · · · · · · · · · · · · 117, 136
요적(窯積) · · · · · · · · · · · · · 46, 108
요주요(耀州窯) · · · · · · · · · · · · 136
용융성성분(熔融性成分) · · · · · · · 73
용천요(龍泉窯) · · · · · · · · · · · · 136
운모(雲母) · · · · · · · · · · · · · · · 137
원형(原型) · · · · · · · · · · · · · · · 155
월주요(越州窯) · · · · · · · · · · · · 137
웨지우드(Wedgewood) · · · · · · 138
위생도기(衛生陶器) · · · · · · · · · 137
윗그림(上繪) · · · · · · · · · · · · · 112
윗그림구이(上繪燒) · · · · · · · · · 112
유(釉) · · · · · · · · · · · · · · · · · 141
유도법(流塗法) · · · · · · · · · · · · 138
유리(琉璃, 瑠璃, glass) · · · · · · · 139
유리홍(釉裏紅) · · · · · · · · 140, 163
유백유(乳白釉) · · · · · · · · · · · · 140
유백제(乳白劑) · · · · · · · · · · · · 140
유 벗겨짐 · · · · · · · · · · · · · · · 141
유상안료(釉上顔料) · · · · · · · · · 138
유소(釉燒) · · · · · · · · · · · 118, 141
유수하(釉垂下) · · · · · · · · · · · · 144
유식(釉式) · · · · · · · · · · · · · · · 141
유액(釉液) · · · · · · · · · · · · · · · 141
유약((釉藥) · · · · · · · · · · · 118, 141
유약구이(釉燒) · · · · · · · · · · · · 141
유적유(油滴釉) · · · · · · · · · · · · 142
유하안료(釉下顔料) · · · · · · · · · 139

유흐름 · · · · · · · · · · · · · · · · · 144
윤요(輪窯) · · · · · · · · · · · · · · · 52
융제(融劑) · · · · · · · · · · · · · · · 178
응교제(凝膠劑) · · · · · · · · · · · · 144
이그로스(Ig-loss) · · · · · · · · · · 48
이도소(二度燒) · · · · · · 99, 144, 154
이도자완(井戶茶碗) · · · · · · · · · 144
이로미(色見) · · · · · · · · · · · · · · 54
이마리야끼(伊萬里燒) · · · · · · · · 144
이삼평(李參平) · · · · · · · · · · · · 144
이성체(異性體), 이성질체(異性質體) 145
2차공기(二次空氣) · · · · · · · · · · 145
2차카올린(二次 Kaoline) · · · · · 145
인공통풍(人工通風) · · · · · · · · · 174
1차공기(一次空氣) · · · · · · · · · · 145
1차카올린(一次 Kaoline) · · · · · 145
임진왜란(壬辰亂) · · · · · · · · · · · 146
입도분리(粒度分離) · · · · · · · · · · 146

자

자기(磁器) · · · · · · · · · · · · · · · 148
자연통풍(自然通風) · · · · · · · · · 174
자주요(磁州窯) · · · · · · · · · · · · 148
자토(磁土) · · · · · · · · · · · 51, 148
자토화현상(磁土化現像) · · · · · · 149
자화(磁化) · · · · · · · · · · · · · · · 149
작열감량(灼熱減量) · · · · · · · · · · 48
잔(盞) · · · · · · · · · · · · · · · · · 66
잔금 · · · · · · · · · · · · · · · · · · 59
장석(長石) · · · · · · · · · · · · · · · 149
장석유(長石釉) · · · · · · · · · · · · 152
재벌구이 · · · · · · · · · · · · · · · 154
재유(灰釉) · · · · · · · · · · · · · · · 180
잿물 · · · · · · · · · · · · · · · · · · 180

전기터널가마(電氣Tunnel窯) ·· 172
전사지법(轉寫紙法) ········· 152
전이(轉移) ·············· 152
절리(切離) ·········· 47, 153
점토(粘土) ·········· 51, 153
접착(接着) ············· 153
정병(淨甁) ············· 64
정석기(精石器) ·········· 115
정장석(正長石) ·········· 150
정화(鄭華) ············· 153
제겔식(Segel式) ········· 157
제겔추(Segei cone) ······· 53
제점제(除粘劑) ·········· 154
제토(製土) ············· 154
제형(製型) ············· 154
조분쇄기(粗粉碎機) ········ 156
조비(爪飛) ············· 160
조석기(阻石器) ·········· 115
조장석(曹長石) ·········· 151
조합볼밀(組合 Boll mill) ····· 159
죠크러셔(Jaw Cruser) ······ 156
주입성형(鑄入成形) ······· 160
주자(注子) ············· 69
중간분쇄기(中間粉碎機) ····· 159
중성불꽃(中性炎) ········· 106
중장석(重長石) ·········· 151
증발유(烝發釉) ······· 124, 161
지거(Jigger) ········· 92, 162
지르코니아(Zirconia) ······· 162
지르콘자기(Zircon 磁器) ····· 162
진공퍽밀(vacum pug mill) ···· 163
진공토련기(眞空土練機) ····· 163
진사유(辰砂釉) ·········· 163

차

차이나(China) ············ 164
참구이 ················ 99
천목(天目) ············· 181
철포요(鐵砲窯) ·········· 164
철회(鐵繪) ············· 164
청백자(靑白磁) ·········· 165
청자(靑磁) ············· 165
청화백자(靑畵白磁) ········ 165
체가름(Screening) ····· 146, 166
체소(締燒) ········ 57, 118, 165
초벌구이 ·········· 118, 166
층리(層離) ············ 166
침(枕) ··············· 67
침강분리(沈降分離) ········ 166
침괘법(沈掛法) ········ 77, 167

카

카렛트(Cullet) ··········· 167
카보런덤(SiC) ··········· 167
카올린(Kaolin) ··········· 51
카올린질(Kaoline質) ········ 167
카올린화현상(Kaoline化現象) ·· 149
칼륨장석(Kalium長石) ······ 150
칼슘장석(Calcium長石) ····· 151
케이스형(Case形) ········· 155
코니칼볼밀(Conical bdll mill) ·· 168
코오디어라이트(cordierite) ···· 168

타

탁잔(托盞) ············· 67
탄산리튬(炭酸Lithium)) ····· 168
탈철기(脫鐵機, Ferro Filter) ··· 169

태토(胎土) · · · · · · · · · · · · · 118
터널가마(Tunnel kiln) · · · · · · · 169
턱바쉬개(Jaw crusher) · · · · · · 160
테라코타(Terra cotta) · · · · · · · 173
토기(土器) · · · · · · · · · · · · · 173
토련기(土練機) · · · · · · · · · · · 173
토호잔(兎毫盞) · · · · · · · · · · · 49
통풍(通風) · · · · · · · · · · · · · 173
퇴적점토(堆積粘土) · · · · · · · · · 90
투명유(透明釉) · · · · · · · · · · · 174

파

팽윤토(膨潤土) · · · · · · · · · · · 98
퍽밀(pug mill) · · · · · · · · · · · 175
페리언자기(Parian 磁器) · · · · · · 175
PH(페하) · · · · · · · · · · · · · · 176
편병(扁瓶) · · · · · · · · · · · · · 64
폭발범위(爆發範圍) · · · · · · · · · 176
폿트밀(Pot mill) · · · · · · · · · · 176
품어바르기 · · · · · · · · · · · · · 104
풋셔(puser) · · · · · · · · · · · · · 170
풍비법(風飛法) · · · · · · · · · · · 148
프레스성형(Press成形) · · · · · · · 46
프릿(frit) · · · · · · · · · · · · 96, 177
프릿가마(Frit 窯) · · · · · · · · · · 177
프릿유(Frit 柚) · · · · · · · · · · · 178
프릿자기(Frit 磁器) · · · · · · · · · 178
플럭스(Flux) · · · · · · · · · · · · 178
핀홀(Pine hole) · · · · · · · · · · · 94
필세(筆洗) · · · · · · · · · · · · · 69
필터 케이크(Filter cake) · · · · · · 132
필터 프레스(Filter press) · · · · · 131
필통(筆筒) · · · · · · · · · · · · · 69

하

하다가모노(裸物) · · · · · · · · · · · 71
하석(霞石) · · · · · · · · · · · · · · 152
하중연화온도(荷重軟化溫度) · · · 179
합(盒) · · · · · · · · · · · · · · · · 67
해교(解膠) · · · · · · · · · · · · · · 179
해교제(解膠劑) · · · · · · · · · · · · 179
호(壺) · · · · · · · · · · · · · · · · 68
화장토(化粧土) · · · · · · · · · · · · 179
환원불꽃(還元炎) · · · · · · · · · · 106
활석(滑石) · · · · · · · · · · · · · · 180
활석유(滑石釉) · · · · · · · · · · · · 180
회유(灰釉) · · · · · · · · · · · · · · 180
회장석 · · · · · · · · · · · · · · · · 151
회청(回靑) · · · · · · · · · · · · · · 165
회회청(回回靑) · · · · · · · · · · · · 165
횡병(橫瓶) · · · · · · · · · · · · · · 64
횡염식가마(橫炎式窯) · · · · · · · 135
흐름유 · · · · · · · · · · · · · · · · 181
흑유(黑釉) · · · · · · · · · · · 164, 181
흘려바르기 · · · · · · · · · · · · · · 138
흡연(吸煙) · · · · · · · · · · · · · · 181
힌지(맞춤구멍) · · · · · · · · · · · · 181

토암(土菴) 배윤호(裵潤鎬)

1936년 2월 6일생
1959년 9월 경북대학 농화학과 (군필) 7회 추가 졸업
1960년 계림요업시험실장(3년)
1963년 경주공업고등학교 교사(도자기과목담당 30년)
1993년 대학 강사 (4년)
1993년 주부 도예 지도 (근 20년)
1985년 신라미술대상전 공예부 대상 수상
1985년 개인전 (경주 화랑회관)
1970년 도자기 유리 교과서 검토위원
1975년 기능사(도자기) 자격 검정고시 출제 위원 역임
1990년 한국 기능올림픽 도자기 심사위원
2005년 증보 국역 성재유집 발간
2009년 도자기인생 토암 배윤호 일대기 발간
2019년 도자기교본 발간
2021년 유리교본 발간
2022년 가첩 발간
2023년 도자기인생 토암 배윤호 알대기 속편 발간
기능사(도자기) 자격 검정고시 출제 위원 역임

전화 :(010) 8437-4177
주소 : 경북 경주시 동천동 백률로 82번길 48호
blog : byh4177@naver.com(도자기인생)

전통 도자기 기술을 중심으로 한
도자기 용어 사전

발행일	2025년 9월 1일
지은이	배윤호
검 토	김용우
펴낸이	박상영
펴낸곳	도서출판 정음서원
주…소	서울특별시 관악구 서원7길 24, 102호
전…화	02-877-3038
팩…스	02-6008-9469
신고번호	제 2010-000028 호
신고일자	2010년 4월 8일
ISBN	979-11-94270-01-0 01630
정 가	22,000원

값 22000 원
01630

ISBN 979-11-94270-01-0